Heike Homrighausen

Klett

Ich kann ... Mathe

Ganze Zahlen

5./6. Klasse

Mathematik

Schritt für Schritt verstehen

Klett Lerntraining

Heike Homrighausen ist Gymnasiallehrerin für Mathematik, in der Lehreraus- und -weiterbildung tätig und langjährige Autorin von Lehrwerken und Lernhilfen.

Bibliografische Information der Deutschen Nationalbibliothek
Die Deutsche Nationalbibliothek verzeichnet diese Publikation in der Deutschen Nationalbibliografie; detaillierte bibliografische Daten sind im Internet über http://dnb.dnb.de abrufbar.

1. Auflage 2019

www.klett-lerntraining.de; kundenservice@klett-lerntraining.de

Titelfoto: www.thomas-weccard.de
Satz: DTP-studio Andrea Eckhardt, Göppingen
Druck: Gebr. Geiselberger GmbH, Altötting
Printed in Germany
ISBN 978-3-12-927563-4

Inhaltsverzeichnis

Kompetenzübersicht

1 (Natürliche) Zahlen darstellen

Ich kann …

2 Mit natürlichen Zahlen rechnen

Ich kann …

3 Verknüpfung der Grundrechenarten

Ich kann …

4 Ganze Zahlen

Ich kann …

Liebe Schülerin, lieber Schüler,

mit diesem Buch kannst du den Themenbereich „Rechnen mit positiven und negativen ganzen Zahlen" wiederholen und üben – in ganz kleinen Schritten.

Der komplette Stoff ist **Kompetenzen** zugeordnet – die kennst du vielleicht aus der Schule. Kompetenzen fangen immer mit dem Satz „Ich kann …" an und beschreiben genau, was du können musst.

kompetent sein = etwas können

So arbeitest du mit dem Buch:
Suche dir im Inhaltsverzeichnis das Thema heraus, das du wiederholen möchtest. (Suchst du nach einer einzelnen Kompetenz, findest du sie in der Kompetenzübersicht.)

Schritt 1:

Kompetenzcheck

Überprüfe, wie fit du bist und löse die Aufgaben im Kompetenzcheck. Jeder Aufgabe ist einer Kompetenz (Ich kann …) zugeordnet.

Überprüfe deine Ergebnisse mit den Lösungen. Die passende Seitenzahl findest du unter den Smileys.

Hake den entsprechenden Smiley ab:
☺ = richtig gelöst
😐 = teilweise richtig gelöst
☹ = nicht richtig gelöst
Dann siehst du, welche Themen du schon gut kannst oder was du noch üben solltest.

Schritt 2:

Schritt-für-Schritt-Erklärungen

Lies die Erklärungen gründlich durch. Hier findest du alle wichtigen Fachbegriffe und Formeln. Alles ist in kleinen Schritten und mit vielen Beispielen erklärt, damit du leicht verstehst, wie du vorgehen musst und was du beachten solltest.

Schritt 3:

Übungsaufgaben

Löse die Übungsaufgaben. An den Punkten neben der Aufgabennummer siehst du, wie schwierig die Aufgabe ist. (●○○ = leicht, ●●○ = mittel, ●●● = schwierig)

Die Lösungen zu den Aufgaben findest du hinten im Buch. Sei ehrlich zu dir selbst und sieh erst nach, wenn du Aufgaben fertig bearbeitet hast.

Schritt 4:

Abschlusskompetenzcheck

Wenn du ein ganzes Kapitel abgeschlossen hast, teste dich mit dem Abschlusskompetenzcheck. Er enthält Aufgaben zu allen Kompetenzen des Kapitels.

Überprüfe deine Ergebnisse mit den Lösungen hinten im Buch und hake richtig gelöste Aufgaben ab.

Wir wünschen dir viel Erfolg!

1 (Natürliche) Zahlen darstellen

Zahlen lesen und schreiben

Kompetenzcheck

Ich kann …	Aufgabe	Ergebnis
… in Ziffern geschriebene Zahlen in eine Stellenwerttafel eintragen und lesen.	**Aufgabe 1** Lies die Zahlen und schreibe sie in Worten auf. a) 3 400 000 b) 5 000 600 000 c) 1 023 760 891	→ S. 120
… in Worten geschriebene oder gesprochene Zahlen mit Ziffern schreiben.	**Aufgabe 2** Schreibe die Zahlen mit Ziffern. a) 61 Millionen b) 210 Milliarden 576 Millionen c) 19 Billionen 7 Milliarden 22 Millionen	→ S. 120

Schritt-für-Schritt-Erklärung

Fachbegriffe

Wir schreiben unsere Zahlen mit den **zehn Ziffern** 0, 1, 2, 3, 4, 5, 6, 7, 8, 9. Deshalb heißt unser Zahlsystem auch **Zehnersystem** oder **Dezimalsystem**.

Aber wir haben mehr als nur zehn Zahlen. Wenn wir größere Zahlen schreiben, brauchen wir mehr **Stellen** oder **Stufen**. Dabei fangen wir rechts an und gehen dann weiter nach links.

Ganz rechts stehen die Einer (E), dann folgen die Zehner (Z) und Hunderter (H). In einer **Stellenwerttafel** wird der Aufbau von Zahlen dargestellt. In ihr stehen die Zahlwörter und der Wert der Stellen.

Diese Namen für größere Zahlen musst du kennen:

1 Tausend	1 000	3 Nullen	1000 Einer
1 Million	1 000 000	6 Nullen	1000 Tausender
1 Milliarde	1 000 000 000	9 Nullen	1000 Millionen
1 Billion	1 000 000 000 000	12 Nullen	1000 Milliarden
1 Billiarde	1 000 000 000 000 000	15 Nullen	1000 Billionen

So gehst du vor

So kannst du große Zahlen (geschickt) lesen:

1. Trage die Zahl von rechts nach links in die Stellenwerttafel ein.
2. Schreibe jeweils in Zahlen auf, aus wie vielen Billionen, Milliarden, Millionen und Tausendern die Zahl besteht.
3. Lies die entsprechenden Zahlen.

Billionen			Milliarden			Millionen			Tausend			Einer			gelesen
H	Z	E	H	Z	E	H	Z	E	H	Z	E	H	Z	E	
							2	3	4	5	6	7	8	9	23 Millionen 456 Tausend 789
			2	0	0	4	6	0	0	3	0	0	0	0	200 Milliarden 460 Millionen 30 Tausend
		5	0	6	0	0	0	7	0	8	9	1	0	0	5 Billionen 60 Milliarden 7 Millionen 89 Tausend 100

Schritt-für-Schritt-Erklärung

So gehst du vor

So kannst du große Zahlen in Worten schreiben:

Es gilt:
Zahlen unter einer Million schreibt man klein und zusammen.
Zahlen über einer Million schreibt man getrennt, also erst die Zahl, dann das Zahlwort.
Tipp: Schreibe die Zahl erst (mit Stufenzahlen) so auf, wie du sie liest.

Beispiel: 23 005 107 031
23 Milliarden 5 Millionen 107 Tausend 31
dreiundzwanzig Milliarden fünf Millionen einhundertsiebentausend-einunddreißig

So gehst du vor

So kannst du Zahlen geschickt in Ziffern schreiben:

1. Überprüfe, aus wie vielen Billionen, Milliarden, Millionen, Tausendern die Zahl besteht.
2. Trage diese Zahlen in die entsprechenden Spalten der Stellenwerttafel ein.
3. Fülle Lücken mit Nullen auf.

Das nennt man Zerlegen in Stufenzahlen.

Beispiel:
23 Milliarden 107 Tausend 31

Milliarden			Millionen			Tausend			Einer			in Ziffern
H	Z	E	H	Z	E	H	Z	E	H	Z	E	
	2	3	0	0	0	1	0	7	0	3	1	23 000 107 031

Damit man die Zahl besser lesen kann, lässt man alle drei Ziffern (von rechts aus) eine kleine Lücke.

Übungsaufgaben

Aufgabe 1 ●○○

Lies die Zahlen und schreibe sie mit Stufenzahlen auf.

a) 52 000 000 ____________________________

b) 6 000 000 000 ____________________________

c) 123 000 000 000 000 ____________________________

d) 112 000 000 000 ____________________________

Aufgabe 2 ●○○

Lies die Zahlen und schreibe sie mit Stufenzahlen auf.

a) 527 200 ____________________________

b) 12 619 701 ____________________________

c) 382 839 431 900 ____________________________

d) 1 120 011 219 930 ____________________________

Aufgabe 3 ●○○

Schreibe die Zahlen mit Ziffern.

a) 12 Milliarden ________________

b) 5 Billionen ________________

c) 102 Millionen ________________

d) 3 Milliarden 456 Millionen ________________

Übungsaufgaben

Aufgabe 4 ●○○
Schreibe die Zahlen mit Ziffern.

a) 5 Millionen 22 Tausend 123 ______

b) 12 Milliarden 3 Millionen 45 Tausend 6 ______

c) 101 Billionen 15 Millionen 406 Tausend 33 ______

d) 506 Milliarden 7 Tausend 80 ______

Aufgabe 5 ●○○
Schreibe die Zahlen mit Ziffern.

a) 4 Billionen 56 Milliarden 700 Millionen ______

b) 98 Milliarden 756 Millionen 400 ______

c) 321 Millionen 987 Tausend 432 ______

Aufgabe 6 ●○○
Lies die Zahlen und schreibe sie in Worten auf.

a) 6 540 000

______

______

b) 12 070 520 000

______

______

c) 100 000 010 000 110

______

______

d) 102 203 079

______

______

Aufgabe 7 ●○○

Schreibe die Zahlen mit Ziffern.

a) fünfundsiebzig Millionen zweihundertsiebzigtausend

____

b) dreiundvierzig Milliarden zehn Millionen zweitausendachthundertzwanzig

____

c) achtzehn Billionen dreihundertfünf Millionen zehntausendachtzig

____

Aufgabe 8

Ergänze die Angaben in der Tabelle.

Zahl in Ziffern	gelesene Zahl in Stufenzahlen	Zahl in Worten
	12 Millionen 345 Tausend 987	
9 080 706 050		
		vierhundertsiebenund- dreißigtausenddreihundert
76 804 010 002		

Natürliche Zahlen am Zahlenstrahl

Kompetenzcheck

Ich kann …	Aufgabe	Ergebnis
… natürliche Zahlen am Zahlenstrahl ablesen.	**Aufgabe 1** Lies die markierten Zahlen ab. a) 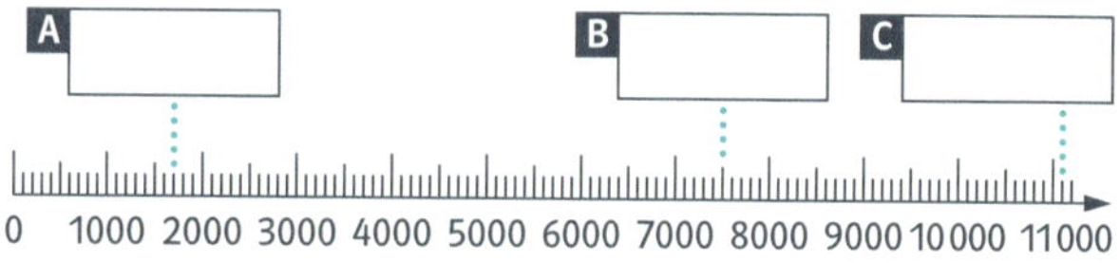 b) 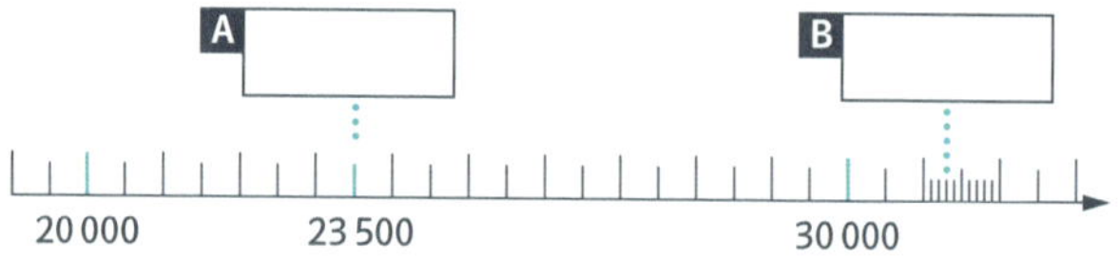	→ S. 120
… natürliche Zahlen am Zahlenstrahl eintragen.	**Aufgabe 2** Markiere auf dem Zahlenstrahl die Zahlen. A: 150 000 B: 410 000 C: 880 000 	→ S. 120
… einen geeigneten Zahlenstrahl zeichnen und Zahlen darin eintragen.	**Aufgabe 3** Teile den Zahlenstrahl so ein, dass du alle Zahlen problemlos markieren kannst. A: 4000 B: 9200 C: 16 500 	→ S. 120

Schritt-für-Schritt-Erklärung

Fachbegriffe

Ein **Zahlenstrahl** ist eine gerade Linie, mit der man Zahlen darstellen bzw. veranschaulichen kann.

Für einen Zahlenstrahl gilt:

- Es gibt einen markierten **Anfang** (das kann die Null sein, muss aber nicht).
- Ein Zahlenstrahl hat kein Ende. Das gezeichnete Ende wird durch einen **Pfeil rechts** markiert. Daran siehst du auch, dass die Zahlen **nach rechts immer größer** werden.
- Der Zahlenstrahl wird ausgehend vom Anfang in immer **gleich große Abstände** unterteilt. Die Markierungsstriche kennzeichnen dabei die zugeordneten Zahlen.

Je zwei benachbarte Abschnitte unterscheiden sich immer um die gleiche Zahl.

So gehst du vor

So findest du heraus, wie groß der Abstand zwischen zwei Strichen ist:

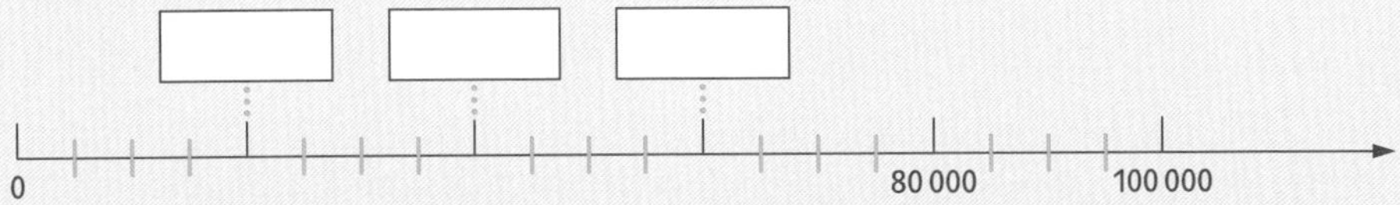

1. Stelle fest, wie groß der Unterschied zwischen zwei markierten Stellen ist. Das geht, indem du die kleinere (linke) Zahl von der größeren (rechten) Zahl abziehst.
   100 000 − 20 000 = 80 000
2. Zähle die Abstände zwischen den markierten Stellen.
   4
3. Teile den Unterschied durch die Anzahl der Abstände. Jetzt weißt du, wie groß der Abstand zwischen zwei Strichen ist.
   80 000 : 4 = 20 000
4. Ergänze die Zahlen an den Strichen, indem du den Abstand immer zur Zahl links vom Strich dazu zählst.
   nächste Striche:
   20 000 + 20 000 = 40 000
   40 000 + 20 000 = 60 000
   60 000 + 20 000 = 80 000

   Abstand zwischen zwei kleinen Strichen:
   40 000 − 20 000 = 20 000
   4 Abstände, also
   20 000 : 4 = 5000

Mit diesem Verfahren kannst du auch die kleinen Teilabschnitte beschreiben.

Übungsaufgaben

Aufgabe 9 ●○○

Lies die auf dem Zahlenstrahl markierten Zahlen ab.

Tipp: Welchen Abstand haben zwei benachbarte Striche bzw. Zahlen?

Beschrifte damit den Zahlenstrahl vollständig.

a)

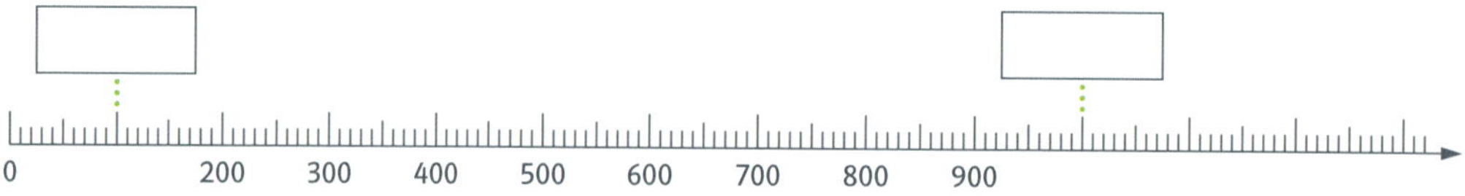

b)

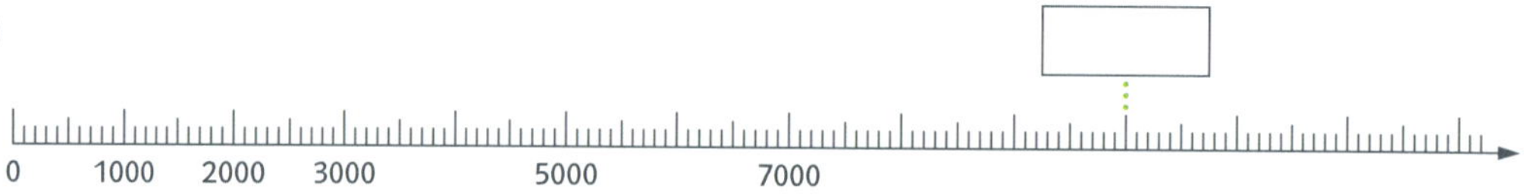

c)

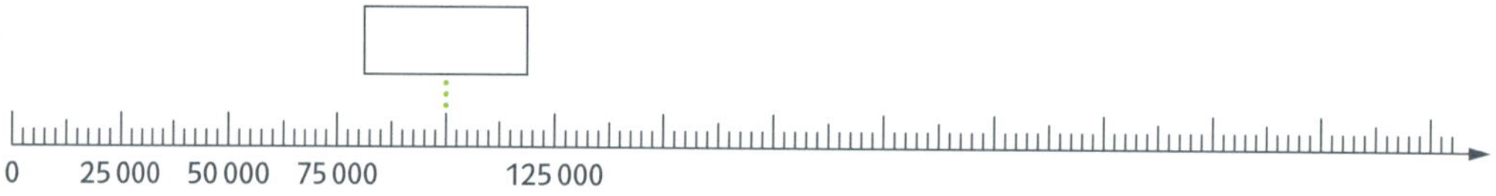

Aufgabe 10 ●○○

Lies die auf dem Zahlenstrahl markierten Zahlen ab.

a)

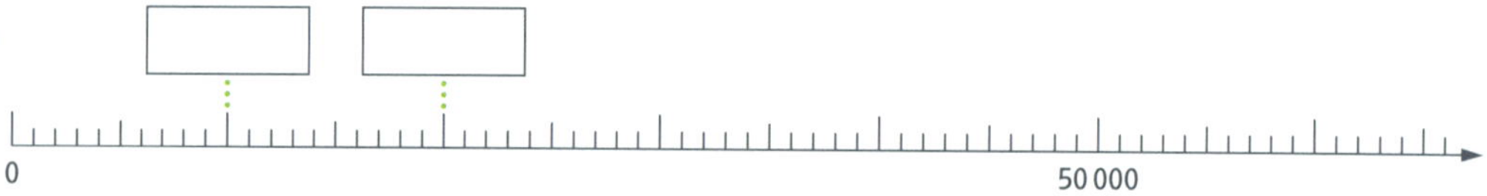

b)

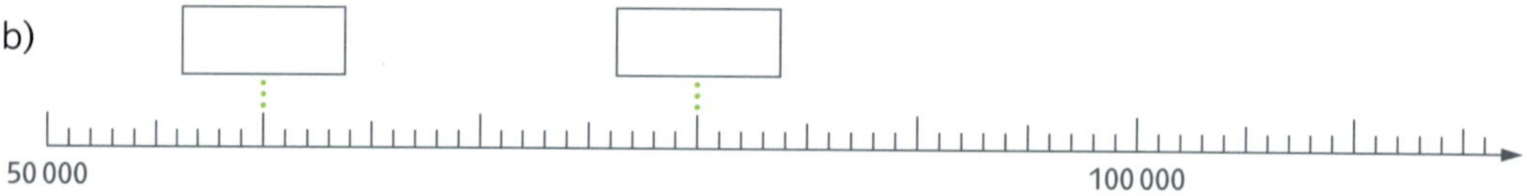

c)

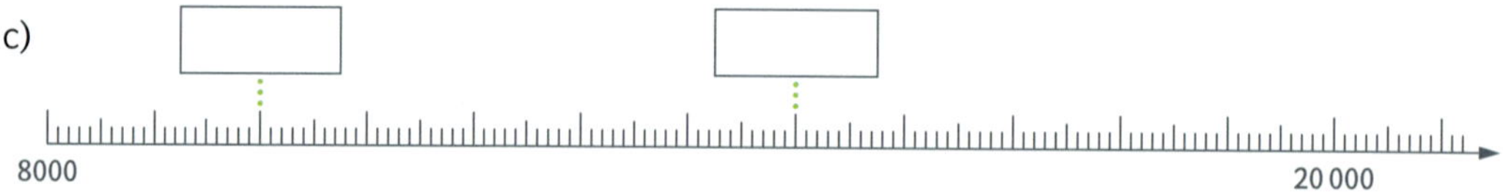

Aufgabe 11 ●●○
Lies die auf dem Zahlenstrahl markierten Zahlen ab.

a)
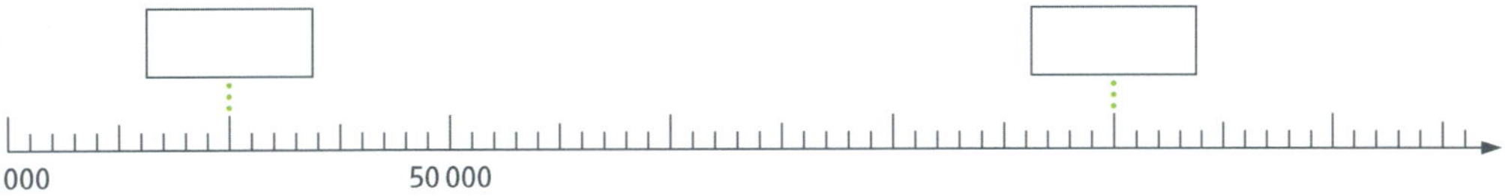

b)
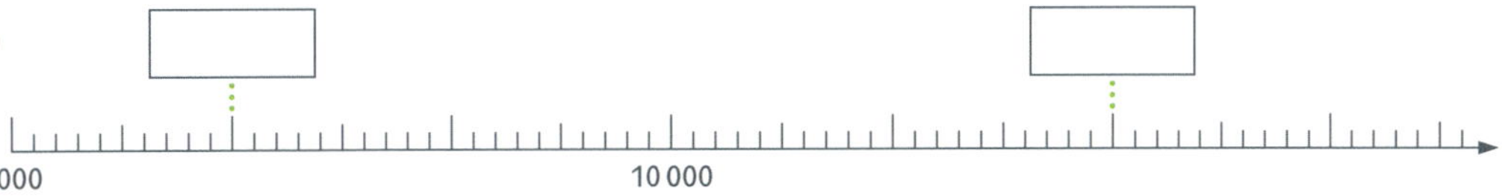

Aufgabe 12 ●○○
Markiere die Zahlen 20 000, 180 000, 340 000, 450 000 und 500 000 auf dem Zahlenstrahl.

Aufgabe 13 ●●○
Welche Zahl liegt genau in der Mitte zwischen den angegebenen Zahlen?

a)
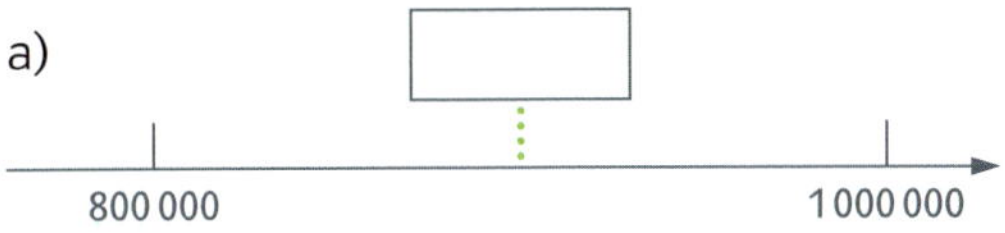

b)
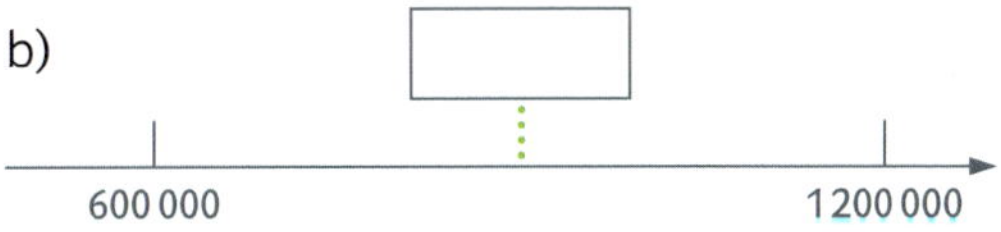

c)
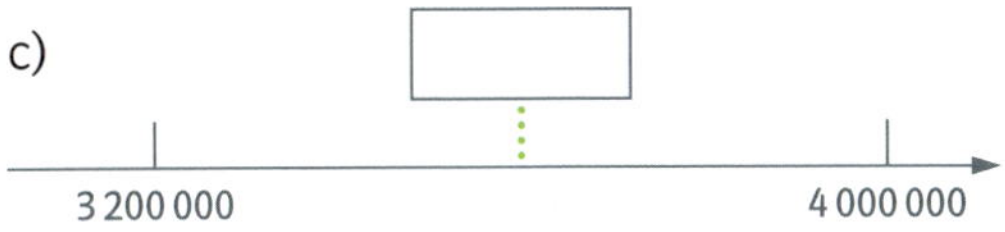

d)
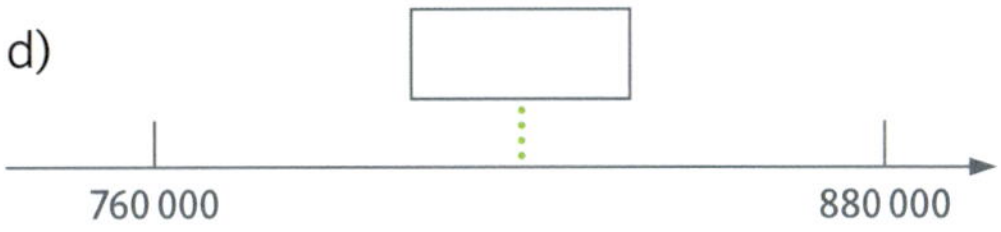

Aufgabe 14 ●●○
Ergänze eine Zahl so, dass die farbig markierte Zahl genau in der Mitte liegt.

a)
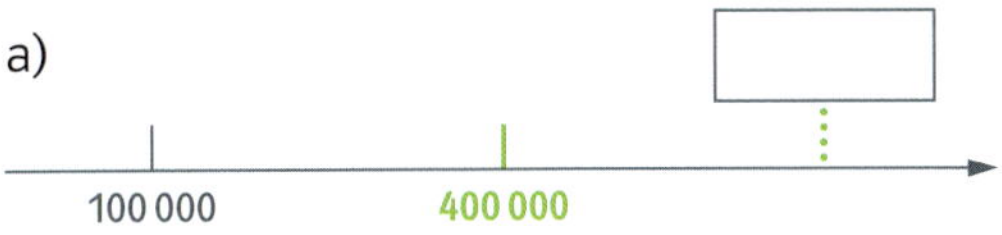

b)
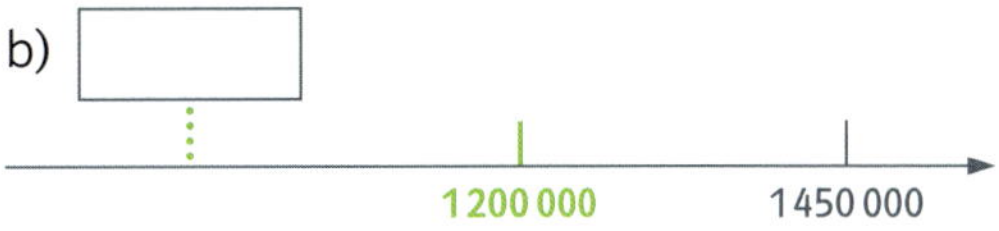

Aufgabe 15 ●○○
Markiere auf dem Zahlenstrahl jeweils eine geeignete Stelle für die Zahlen 350 und 1000.

Zahlen vergleichen und ordnen

Kompetenzcheck

<table>
<tr><th>Ich kann …</th><th>Aufgabe</th><th>Ergebnis</th></tr>
<tr><td>… den Vorgänger und Nachfolger von natürlichen Zahlen bestimmen.</td><td>Aufgabe 1
Fülle die Tabelle aus.
<table><tr><th>Vorgänger</th><th>Zahl</th><th>Nachfolger</th></tr><tr><td></td><td>70 000</td><td></td></tr><tr><td>726 988</td><td></td><td></td></tr><tr><td></td><td></td><td>1 111 110</td></tr></table></td><td>→ S. 121</td></tr>
<tr><td>… natürliche Zahlen vergleichen.</td><td>Aufgabe 2
Vergleiche die Zahlen. Setze dafür < oder > ein.
a) 125 ___ 1250
b) 4567 ___ 4576
c) 135790222 ___ 13579022</td><td>→ S. 121</td></tr>
<tr><td>… natürliche Zahlen ordnen.</td><td>Aufgabe 3
Ordne die Zahlen der Größe nach. Beginne mit der kleinsten Zahl.
50 678, 5687, 55 678, 576, 6758, 765, 5678, 6785
___ < ___ < ___ <
___ < ___ < ___ <
___ < ___</td><td>→ S. 121</td></tr>
</table>

Schritt-für-Schritt-Erklärung

Wenn du zählst, ist die nächst größere Zahl der **Nachfolger** einer Zahl. So ist z. B. 2 der Nachfolger von 1. Da man immer 1 weiterzählen kann, hat jede natürliche Zahl einen Nachfolger.

Fachbegriffe

Am Zahlenstrahl steht der Nachfolger einer Zahl rechts davon.

Wenn du rückwärts zählst, ist die nächst kleinere Zahl der **Vorgänger** einer Zahl. So ist z. B. 5 der Vorgänger von 6.
Die Null ist die einzige natürliche Zahl, die keinen Vorgänger hat, da 0 die kleinste natürliche Zahl ist.

Musst du zwei Zahlen miteinander vergleichen, kannst du dafür die Zeichen =, < oder > verwenden.

Dabei heißt

„=“ „ist gleich“	„<“ „ist kleiner als“	„>“ „ist größer als“

Beipiele:
12 345 < 12 354
123 gleich, danach ist 4 < 5

345 678 > 34 567
345 678 hat mehr Stellen (6) als 34 567 (5),
also ist 345 678 größer als 34 567.

Das kannst du dir so merken:

1 Ende < 2 Enden

Die größere Zahl steht bei den 2 Enden.

Schritt-für-Schritt-Erklärung

So gehst du vor

So kannst du den Nachfolger einer Zahl bestimmen:

Lies die Zahl und zähle 1 weiter.
Problem: Die letzte Ziffer ist eine 9.
Dann wird die letzte Stelle zur 0 und die Stelle davor wird um 1 erhöht.

Musst du mehrere Zahlen ordnen, gehst du nach demselben Schema vor.

Beispiele:
Von 2468 ist der Nachfolger 2469.
Von 13 579 ist der Nachfolger 13 580.

So gehst du vor

So kannst du den Vorgänger einer Zahl bestimmen:

Lies die Zahl und zähle 1 zurück.
Problem: Die letzte Ziffer ist eine 0.
Dann wird die letzte Stelle zur 9 und die Stelle davor wird um 1 kleiner.

Beispiele:
Von 42682 ist der Vorgänger 42681.
Von 975310 ist der Vorgänger 975309.

So gehst du vor

So kannst du Zahlen vergleichen:

1. Haben die beiden Zahlen **gleich viele Stellen**?

ja

2. **Vergleiche** die Stellen **von links nach rechts.** Es ist die Zahl die größere, bei der zuerst (von links aus gesehen) eine größere Zahl steht.

nein

Dann ist die Zahl mit den **meisten Stellen** die größere Zahl.

Beispiel: Ordne die Zahlen. Beginne mit der kleinsten.
34 567; 34 657; 3467; 3644; 34 765

Zahlen mit 4 Stellen:
3467 < 3647
1. Stelle ist gleich, dann ist **4 < 6**

Zahlen mit 5 Stellen:
34 567 < 34 657 < 34 765
„34“ ist gleich, dann ist **5 < 6 < 7**

Übungsaufgaben

Aufgabe 16 ●○○
Gib den Nachfolger an.

a) 10 356 ____________ b) 110 299 ____________

c) 8 999 999 ____________ d) 3 500 000 ____________

Aufgabe 17 ●○○
Gib den Vorgänger an.

a) 81 654 ____________ b) 13 579 ____________

c) 22 446 688 ____________ d) 12 061 970 ____________

Aufgabe 18 ●○○
Gib den Vorgänger an.

a) 13 560 ____________ b) 110 100 ____________

c) 10 000 000 ____________ d) 123 400 000 ____________

Aufgabe 19 ●○○
Gib den Vorgänger und Nachfolger an.

Vorgänger				
Zahl	123 456 789	700 000	3 500 000 000	1 030 507 090
Nachfolger				

Aufgabe 20 ●●○
Fülle die Lücken in der Tabelle aus.

Vorgänger		102 030 498		
Zahl	10 000 000 000			
Nachfolger			100 200 300 000	40 500 000

Übungsaufgaben

Aufgabe 21 ●○○

Vergleiche die Zahlen. Setze dafür =, <, oder > in die Lücken ein.

a) 34 980 ___ 34 809

b) 9 876 432 ___ 9 876 532

c) 527 212 670 ___ 527 221 670

d) 678 910 ___ 678 901

e) 38 394 143 ___ 38 394 134

f) 101 010 010 ___ 101 010 101

Aufgabe 22 ●●○

Schreibe mit dem <-Zeichen.

a) 102 354 ist kleiner als 560 354 und 560 354 ist kleiner als 780 931.

b) 38 070 ist größer als 37 080 und kleiner als 378 033.

c) 4 490 872 ist größer als 4 020 312 und 4 020 312 ist größer als 4 011 599.

d) 98 765 ist kleiner als 102 851 und 102 851 ist größer als 99 102.

Aufgabe 23 ●○○

Ordne die Zahlen der Größe nach. Beginne mit der kleinsten Zahl.

a) 2345; 1989; 2346; 23 450; 2054

______ < ______ < ______ < ______ < ______

b) 52 720; 57 220; 27 520; 5272; 520 720

______ < ______ < ______ < ______ < ______

c) 112 093; 93 712; 113 092; 102 913; 12 930

______ < ______ < ______ < ______ < ______

Aufgabe 24 ●○○

Gegeben sind 4 Zahlenkärtchen. Lege aus allen 4 Kärtchen eine Zahl.

a) Gib die kleinstmögliche Zahl an.

____

b) Gib die größtmögliche Zahl an.

____

c) Welche mögliche Zahl liegt zwischen 3400 und 4300?

____

Zahlen runden

Kompetenzcheck

Ich kann …	Aufgabe	Ergebnis
… Zahlen bei Angabe der Rundungsstelle runden.	**Aufgabe 1** a) Runde auf Hunderter. 126 197 ≈ ________ b) Runde auf Tausender. 18 449 ≈ ________ c) Runde auf Millionen. 9 871 234 ≈ ________	→ S. 121
… Zahlen sinnvoll runden.	**Aufgabe 2** Die Einwohnerzahlen deutscher Großstädte sollen in einem Bilddiagramm veranschaulicht werden. Stadt – Einwohner: Berlin 3 375 222; Hamburg 1 734 272; München 1 308 388; Köln 1 024 373; Frankfurt 687 775 Auf welche Zahl sollte man sinnvollerweise runden? Kreuze an. ☐ Zehner ☐ Hunderter ☐ Tausender ☐ Zehntausender ☐ Hunderttausender ☐ Millionen	→ S. 121
… Aussagen über die Genauigkeit von gerundeten Zahlen machen.	**Aufgabe 3** a) Wie heißt die kleinste Zahl, die auf Tausender gerundet die Zahl 52 000 ergibt? ________ b) Wie heißt die größte Zahl, die auf Hunderter gerundet die Zahl 1600 ergibt? ________ c) Runde 4711 auf Hunderter und gib den Rundungsfehler an. Rundungsfehler: ________	→ S. 121

Schritt-für-Schritt-Erklärung

Fachbegriffe

Bei vielen Anwendungen benötigt man nicht die genaue Angabe von Zahlen und es genügt, die Zahl **auf eine bestimmte Stelle zu runden**.
Um zu zeigen, dass eine Zahl gerundet ist, benutzt man das **Rundungszeichen ≈**.
„≈" liest man „ist ungefähr".
Beim Runden entsteht ein **Rundungsfehler**. Dies ist der Unterschied zwischen der ursprünglichen und der gerundeten Zahl.

So gehst du vor

So gehst du beim Runden vor:

1. Markiere die Rundungsstelle.
2. Betrachte die **Ziffer rechts** von der Rundungsstelle.
   a) Ist die Ziffer rechts von der Rundungsstelle **kleiner als 5** (also 0, 1, 2, 3, 4), musst du **abrunden**. Das bedeutet, die Ziffer an der Rundungsstelle bleibt gleich und alle Ziffern rechts davon werden 0.
   b) Ist die Ziffer **rechts** von der Rundungsstelle **größer oder gleich 5** (also 5, 6, 7, 8, 9), musst du **aufrunden**. Das bedeutet, dass die Ziffer an der Rundungsstelle um 1 größer wird. Alle Ziffern rechts davon werden 0.

Runde 12 438 auf Hunderter.
12438 ≈ 12400

12 4 3 8 ≈ 12 400
↓
3 ist kleiner als 5, also abrunden.

Achtung: Ist die Rundungsstelle eine 9, wird daraus eine 0 und die Ziffer links davon um 1 größer. Gerundet auf Hunderter ist 2951 ≈ 3000.

Runde auf Tausender.
123 987 ≈ 124 000

123 9 87 ≈ 124 000
+1

So gehst du vor

So kannst du den Rundungsfehler bestimmen:

Runde 12 439 auf Hunderter und bestimme den Rundungsfehler.

1. Runde die Zahl.

12 439 ≈ 12 400

2. Bestimme den Unterschied zwischen der ursprünglichen und der gerundeten Zahl.
   a) beim Abrunden: Schreibe die Ziffern ab, die bei der ursprünglichen Zahl rechts von der Rundungsstelle stehen.
   b) beim Aufrunden: Hier musst du den Unterschied rechnerisch bestimmen.

Der Unterschied zwischen 12 439 und 12 400 ist 39.
Rundungsfehler: 39

Runde 31 500 auf Tausender und bestimme den Rundungsfehler.
31 500 ≈ 32 000
Der Unterschied zwischen 31 500 und 32 000 ist 500. Rundungsfehler: 500

Übungsaufgaben

Aufgabe 25 ●○○

Runde die Zahlen auf Hunderter.

a) 23 456 b) 456 789 c) 98 d) 49

Aufgabe 26 ●○○

Runde die Zahlen auf Tausender.

a) 9876 b) 34 999 c) 6 543 210 d) 405 060

Aufgabe 27 ●○○

Runde die Zahlen auf Zehntausender.

a) 35 791 b) 1 357 924 c) 96 420 d) 5432

Aufgabe 28 ●○○

Runde die Zahlen auf Millionen.

a) 6 152 430 b) 19 490 871 c) 49 500 876 d) 5 453 525 150

Aufgabe 29 ●●○

a) Eine Zahl ist auf Tausender gerundet 272 000. Welche Zahl wurde richtig gerundet? Kreuze an.

☐ 272 450 ☐ 271 670 ☐ 272 890 ☐ 282 012

b) Eine Zahl ist auf Hunderter gerundet 50 500. Welche Zahl wurde richtig gerundet? Kreuze an.

☐ 51 490 ☐ 50 505 ☐ 50 449 ☐ 50 480

Aufgabe 30 ●●○

Eine Zahl ergibt auf Tausender gerundet 126 000.

a) Gib die größte Zahl an, die auf Tausender gerundet 126 000 ergibt. __________

b) Gib die kleinste Zahl an, die auf Tausender gerundet 126 000 ergibt. __________

Aufgabe 31 ●○○
Bei welchen Fällen darf man runden? Kreuze an und begründe deine Entscheidung.

- ☐ Eine Postleitzahl von Stuttgart ist 70567.
- ☐ Stuttgart hatte 2012 613 392 Einwohner.
- ☐ Die Erde hat einen Umfang von 40 075 km.
- ☐ Jonas ist 172 cm groß.
- ☐ Familie Schmid zahlt für ihren Urlaub 3978 €.
- ☐ Jasmin hat Kleidergröße 176.

Aufgabe 32 ●○○
Runde die Zahlen auf die angegebene Stelle und gib den Rundungsfehler an.

a) 23 723 auf Hunderter
b) 975 310 auf Tausender
c) 192 837 auf Zehntausender
d) 3 042 874 auf Millionen
e) 34 550 auf Hunderter
f) 122 940 auf Tausender

Aufgabe 33 ●●○
Hier wurde gerundet. Ergänze die fehlenden Zahlen, so dass die Aufgabe stimmt.

a) 5 ☐ 72 ≈ 5 300
b) ☐ 7 431 ≈ 90 000
c) 23 ☐ 341 ≈ 234 000
d) 5 ☐ 499 ≈ 52 000

Aufgabe 34 ●○○
Die Zahlen wurden auf Tausender gerundet. Sind sie richtig gerundet? Kreuze ja oder nein an. Schreibe die richtigen gerundeten Zahlen auf.

	ja	nein	richtig gerundete Zahl
5 272 ≈ 5 300	☐	☐	
19 510 ≈ 20 000	☐	☐	
183 499 ≈ 183 000	☐	☐	
67 493 ≈ 68 000	☐	☐	
479 ≈ 0	☐	☐	

Zahlen in Diagrammen darstellen

Kompetenzcheck

Ich kann …

… Daten/Anzahlen aus verschiedenen Diagrammen ablesen.

Aufgabe

Aufgabe 1

a) In Klasse 5a ist der Ausgang der Klassensprecherwahl in einem Säulendiagramm dargestellt. Ergänze in der Tabelle die Stimmen, die die Kandidaten erhalten haben.

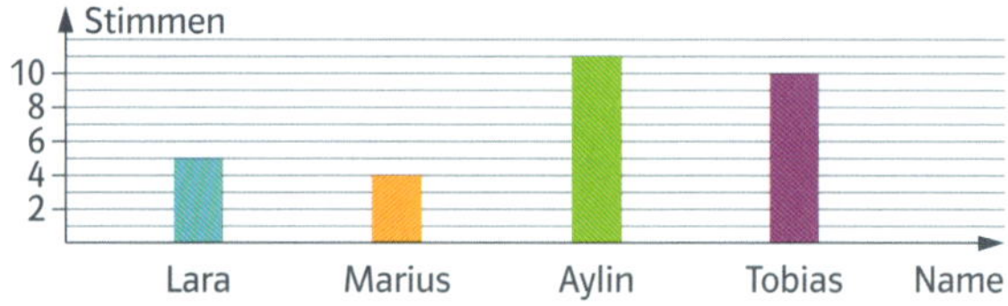

Name	Lara	Marius	Aylin	Tobias
Stimmen				

b) Felix und Marlene zählen Autos und notieren deren Farbe. Ergänze den Lückentext.

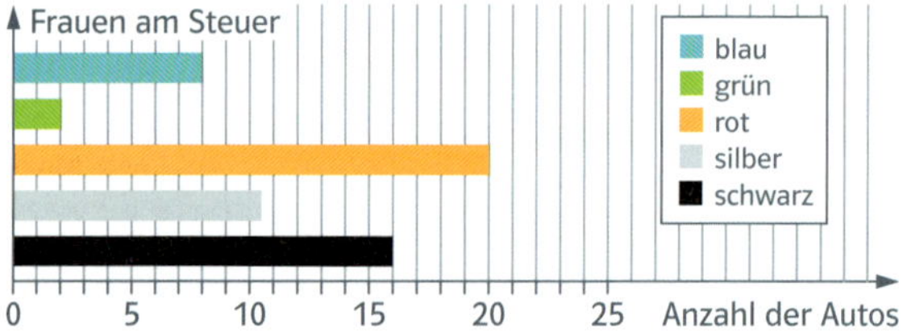

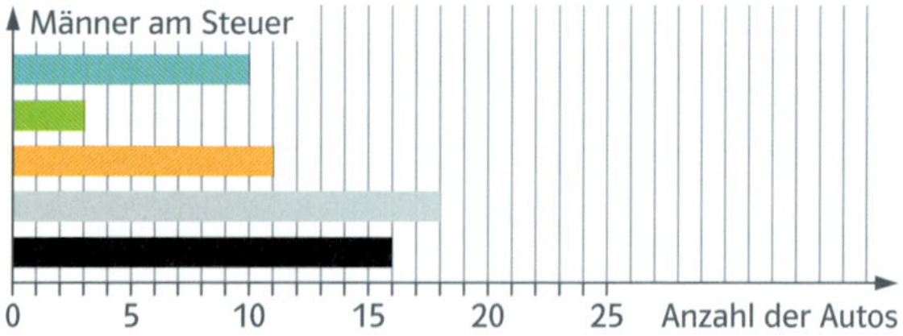

Die häufigste Farbe bei Autofahrerinnen ist ______________, bei Autofahrern ist es ______________. Insgesamt ist ______________ die häufigste Autofarbe.

Felix und Marlene haben insgesamt ________ blaue Autos gezählt. Nur ________ Autofahrerinnen fuhren ein grünes Auto.

Ergebnis

→ S. 122

Kompetenzcheck

Ich kann …	Aufgabe	Ergebnis
… Daten/Anzahlen in Diagrammen darstellen.	**Aufgabe 2** In der Tabelle ist die Stimmenverteilung bei der Schülersprecherwahl angegeben. Trage die entsprechenden Säulen in das Diagramm ein.	→ S. 122

Name	Samuel	Tamica	Sebastian	Asena
Stimmen	221	198	153	109

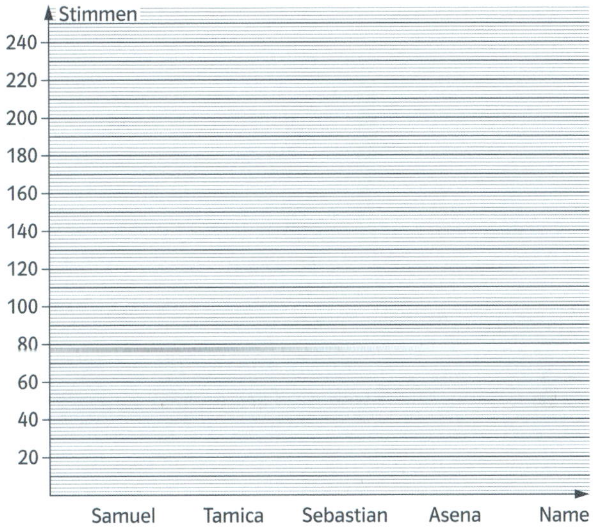

Schritt-für-Schritt-Erklärung

Fachbegriffe

Daten sind Angaben bzw. Informationen über bestimmte Sachverhalte. Das können z. B. Anzahlen oder Größen sein.
Ein **Diagramm** ist eine Veranschaulichung bzw. Darstellung von Daten und Sachverhalten. Dabei gibt es in der Regel immer einen Zusammenhang von zwei Werten. Die zugehörigen Daten können in einer **Tabelle** aufgeschrieben werden.

Es gibt unterschiedliche **Arten von Diagrammen**:

1. Säulendiagramm
In einem Säulendiagramm wird eine Größe oder Anzahl durch die **Länge der Säule** (des Stabes) veranschaulicht.
Die **Hochachse** (auch **y-Achse** genannt) ist wie ein **Zahlenstrahl** in immer gleich große Abschnitte unterteilt und mit einer Einheit beschriftet.
Die Länge und die Einheiten hängen von der größten Größe ab.

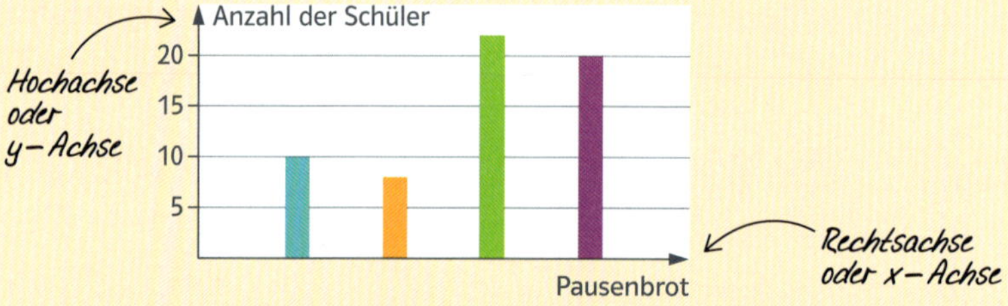

2. Balkendiagramm
Ein Balkendiagramm ist eigentlich nichts anderes als ein gedrehtes Säulendiagramm. Hier wird die Größe durch die **Länge eines Balkens** veranschaulicht.
Die **Rechtsachse** (auch **x-Achse** genannt) ist wie ein **Zahlenstrahl** in immer gleich große Abschnitte unterteilt und mit Einheiten beschriftet.

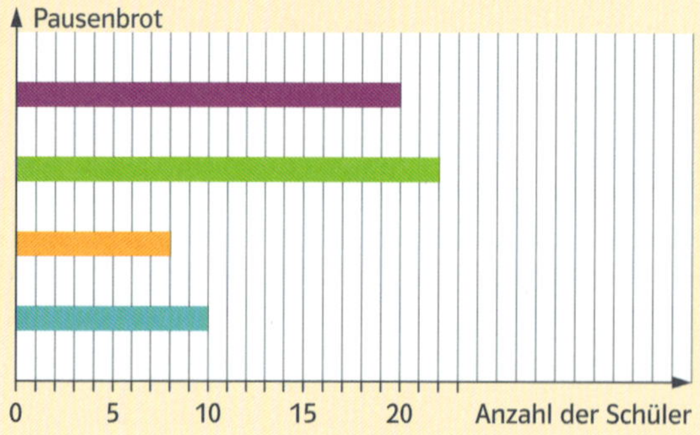

Schritt-für-Schritt-Erklärung

Fachbegriffe

3. Bilddiagramm

Manchmal bietet es sich an, Größen mit Zeichen oder Symbolen zu veranschaulichen. Dann entspricht die Größe des Zeichens oder die Anzahl der Zeichen der Größe, die dargestellt werden soll.

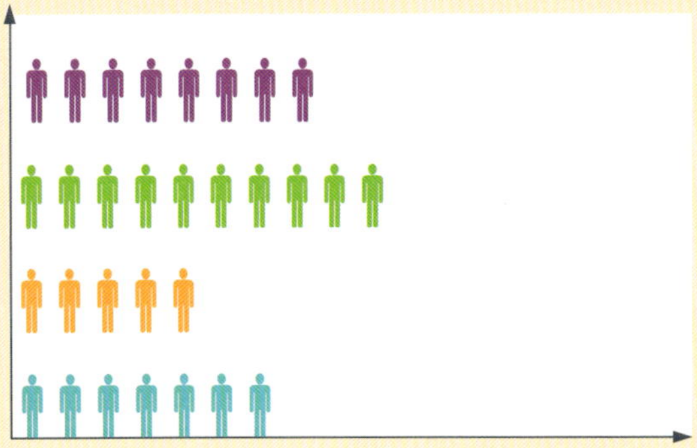

So gehst du vor

So kannst du ein Säulendiagramm zeichnen:

1. Suche in der Tabelle die größte Anzahl heraus.
2. In der Regel hast du für die Hochachse bzw. y-Achse 10 cm = 100 mm Platz.
   Überlege dir wie beim Zahlenstrahl eine geeignete Einteilung.
   Zeichne die Hochachse und beschrifte sie.
3. Zeichne senkrecht zur Hochachse die Rechtsachse.
4. Zeichne für jede Anzahl eine entsprechend hohe Säule. Achte darauf, dass alle Säulen gleich breit sind (wie breit, ist egal).
5. Beschrifte die Säulen.

Achte darauf, dass alle Säulen gleich breit sind.

So gehst du vor

So kannst du Anzahlen/Größen aus Säulendiagrammen ablesen:

1. Nimm dein Geodreieck und zeichne eine Linie parallel zur Rechtsachse, bis du die Hochachse schneidest.
2. Jetzt kannst du an der Hochachse wie am Zahlenstrahl die zugehörige Anzahl/Größe ablesen.

Übungsaufgaben

Aufgabe 35 ●○○

Lies die ungefähre Höhe der Gebäude ab.

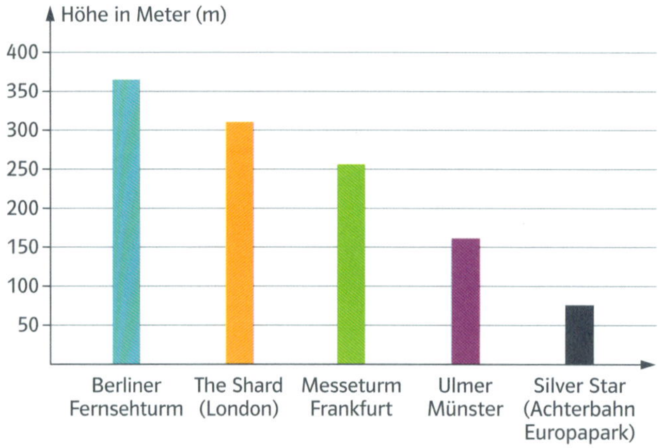

Aufgabe 36 ●○○

Lies die Geschwindigkeiten der schnellsten Tiere ab.

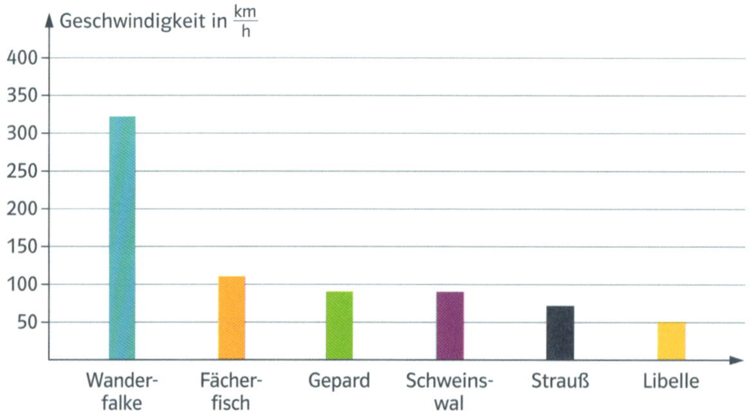

Aufgabe 37 ●○○

Lies die Höhen der Berge ab.

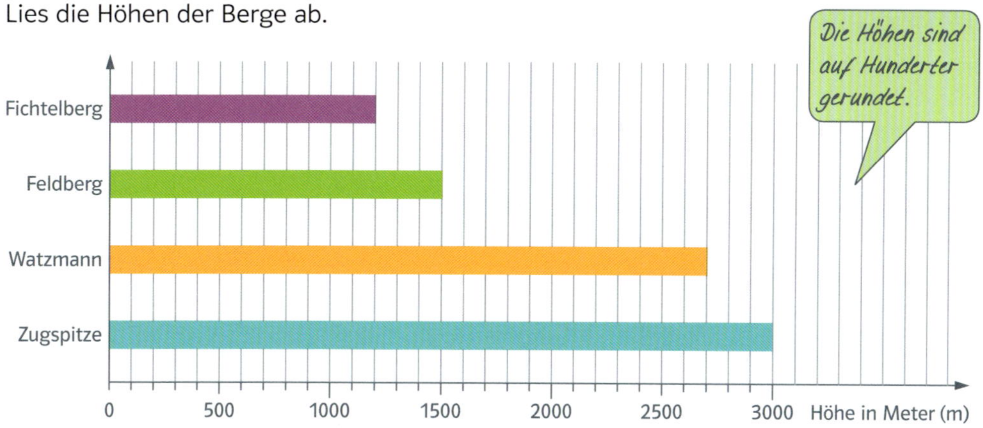

Aufgabe 38 ●○○

In der Klasse 5 wird ein neuer Klassensprecher gewählt. In der Tabelle ist dargestellt, wer wie viele Stimmen bekommen hat.

Name	Emre	Lasse	Michelle	Kim
Stimmen	9	5	6	10

Stelle das Ergebnis in den vorgegebenen Achsen als Säulendiagramm dar.

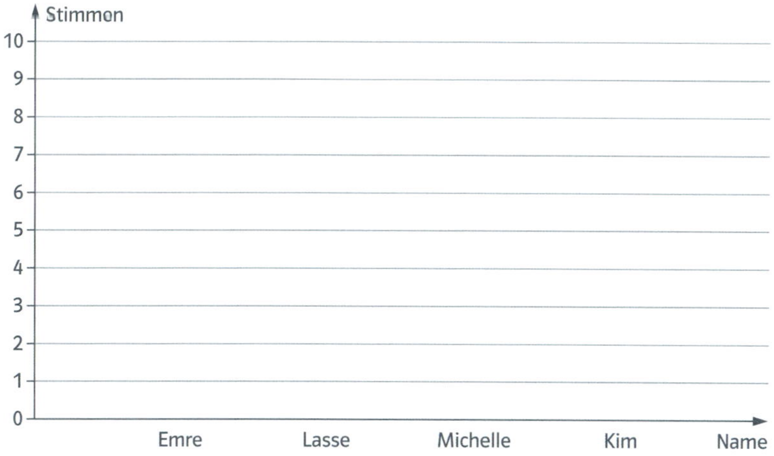

Übungsaufgaben

Aufgabe 39 ●●○

Die Einwohnerzahlen deutscher Städte können auch in Bilddiagrammen dargestellt werden. In der Tabelle sind die Städte mit ihren Einwohnerzahlen und der zugehörigen Zahl an Figuren dargestellt.

Stadt	Stuttgart	Bremen	Nürnberg	Bonn	Münster
Einwohner	597 939	546 451	495 121	309 869	296 599
Bilddiagramm					

a) Warum hat das Bilddiagramm für Stuttgart eine Figur mehr als das Bilddiagramm für Bremen?

____

____

b) Ergänze die fehlenden Figuren in der Tabelle.

Aufgabe 40 ●●○

In der Tabelle ist dargestellt, wie viele Zuschauer in das jeweilige Bundesliga-Fußballstadion passen.

a) Runde die Zuschauerzahlen auf Tausender und ergänze die Tabelle.

Stadion	Dortmund	München	Frankfurt	Braunschweig	Münster
Zuschauer	80 720	71 000	52 300	25 540	296 599
gerundet auf Tausender					

b) Stelle das Ergebnis als Säulendiagramm dar.

Abschlusskompetenzcheck

Ich kann ... ✓

1 ... Zahlen lesen und in Ziffern schreiben.
Schreibe die Zahlen in Ziffern.

a) 5 Milliarden 720 Millionen 12 Tausend 670

____

b) 2 Billionen 23 Milliarden 567 Millionen 8 Tausend 90

____

c) zehn Millionen dreihundertfünfundvierzigtausendvierhundertdrei

____

d) drei Milliarden fünfhundertzwei Millionen sechshundertfünfundneunzigtausendachtundachtzig

____

2 ... Zahlen lesen und in Ziffern schreiben.
Lies die Zahlen und schreibe sie mit Stufenzahlen.

a) 102 203 079

____

b) 47 149 901

____

c) 1 502 695 800

____

3 ... Zahlen am Zahlenstrahl ablesen.
Lies die markierten Zahlen ab.

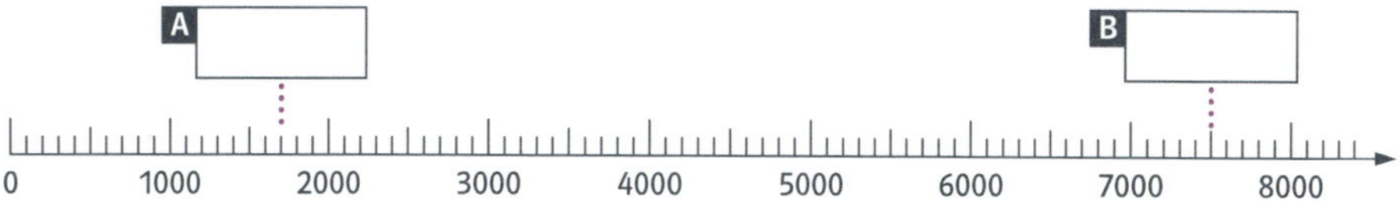

4 ... Zahlen am Zahlenstrahl markieren.
Markiere die Zahlen 2100, 3700, 5500 und 7900 auf dem Zahlenstrahl.

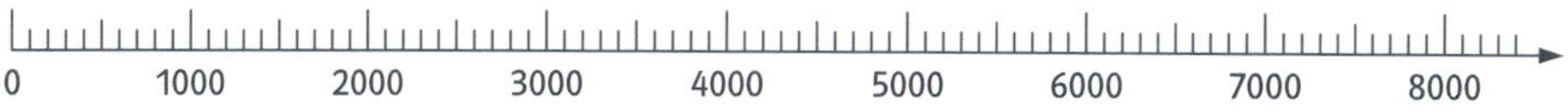

	Ich kann …	✓
5	**… Zahlen vergleichen.** Vergleiche die Zahlen, Setze für ☐ < oder > ein. a) 8 778 ☐ 8 787 b) 543 210 ☐ 543 120 c) 200 300 ☐ 200 030	
6	**… Zahlen runden.** Runde die Zahlen auf die angegebene Stelle. a) 98 789 auf Hunderter ________________ b) 302 490 auf Tausender ________________ c) 1 829 020 auf Zehntausender ________________ d) 498 761 auf Millionen ________________	
7	**… Zahlen runden.** Folgende Zahlen wurden auf die angegebene Stelle gerundet. Gib die kleinstmögliche und größtmögliche Zahl an.	

	kleinstmöglich	größtmöglich
5400 auf Zehner		
41 000 auf Tausender		
890 000 auf Zehntausender		
14 000 000 auf Millionen		

	Ich kann …	✓

8 **… Daten aus Diagrammen ablesen.**

Lies die Länge der Flüsse ab und trage sie in die Tabelle ein.

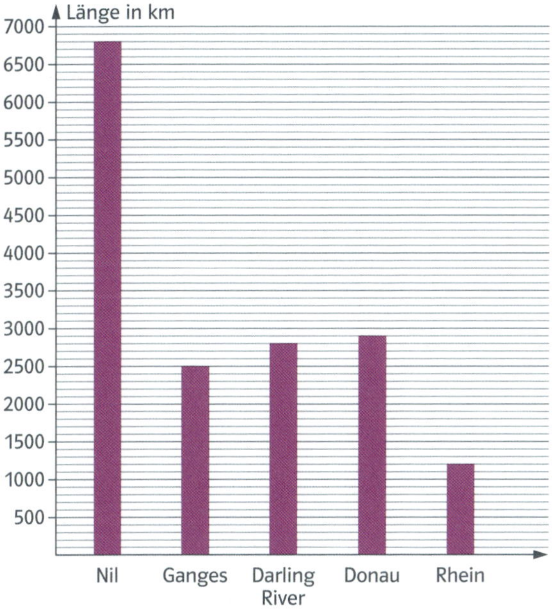

Die Längen sind auf Hunderter gerundet!

Fluss	Länge in km
Nil	
Ganges	
Darling River	
Donau	
Ganges	

9 **… Daten aus Diagrammen ablesen.**

In der Tabelle ist dargestellt, wie schnell die Tiere sein können.

Tier	Windhund	Pferd	Thunfisch	Storch	Biene
Geschwindigkeit (in $\frac{km}{h}$)	110	70	85	45	18

Stelle das Ergebnis in den vorgegebenen Achsen als Säulendiagramm dar.

2 Mit natürlichen Zahlen rechnen

Addieren

Kompetenzcheck

Ich kann …	Aufgabe	Ergebnis
… die Fachausdrücke der Addition anwenden.	**Aufgabe 1** Ordne die Fachbegriffe richtig zu. Summe · 1. Summand · 2. Summand · Wert der Summe 25 + 45 = 70	→ S. 132
… zweistellige Zahlen im Kopf addieren.	**Aufgabe 2** Berechne im Kopf. a) 18 + 64 = ________ b) 77 + 55 = ________	→ S. 132
… dreistellige Zahlen geschickt im Kopf addieren.	**Aufgabe 3** Berechne im Kopf. a) 202 + 155 = ________ b) 499 + 234 = ________	→ S. 132
… mehrere Zahlen geschickt im Kopf addieren, weil ich Rechengesetze kenne.	**Aufgabe 4** Berechne im Kopf. a) 25 + 37 + 15 = ________ b) 34 + 19 + 16 + 21 = ________	→ S. 132

Schritt-für-Schritt-Erklärung

Fachbegriffe

Der Fachbegriff für eine Rechnung, in der **Zahlen zusammengezählt** werden, ist **Addition**. Statt **zusammenzählen** sagt man auch **addieren**.
Die Zahlen, die addiert werden, heißen **Summanden**. Sie können nach ihrer Reihenfolge durchnummeriert werden.
Die gesamte Rechnung (Addition) nennt man **Summe**.
Das Ergebnis einer Addition nennt man **Wert der Summe** oder auch kurz **Summe**.

43	+	62	=	105
1. Summand		2. Summand		Wert der Summe

Summe (1. Summand + 2. Summand)

Beim Addieren von zwei oder mehr Zahlen darf man die beiden Summanden vertauschen, da sich der Wert der Summe dabei nicht ändert.

Dies nennt man auch Kommutativgesetz (von lat. commutare = vertauschen).

Beispiele:

a) 3 + 2 =
2 + 3 =

b) 32 + 15 + 28
= 32 + 28 + 15
= 60 + 15
= 75

So gehst du vor

So kannst du zweistellige Zahlen im Kopf addieren:

1. Zerlege den 2. Summanden in seine Stufenzahlen, also in Zehner und Einer.
2. Zähle dann den 1. Summanden und den zerlegten 2. Summanden nacheinander zusammen.

Addiere: 27 + 38
30 + 8
27 + 30 + 8
57 + 8
65

Tipp:
Es hilft dir, wenn du dir leise die einzelnen Schritte aufsagst (oder diese aufschreibst). Probiere es aus!

„27 plus 38 ist
27 plus 30 plus 8 ist
57 plus 8
ist 65."

Diese Methode funktioniert auch mit dreistelligen Zahlen. Dann musst du aber viele Schritte rechnen und das kann lange dauern und evtl. zu Fehlern führen.

Schritt-für-Schritt-Erklärung

So gehst du vor

So kannst du dreistellige Zahlen geschickt im Kopf addieren:

Möglichkeit 1:

Du zerlegst einen Summanden in seine Stufenzahlen und addierst schrittweise wie oben beschrieben.
Tipp: Denke daran, du kannst die Reihenfolge vertauschen.

Die ist besonders dann geeignet, wenn in einem Summanden eine Null steht.

Addiere 302 + 157.
Reihenfolge vertauschen
157 + 302
$\underbrace{157 + 300}_{457} + 2 = 459$

Möglichkeit 2:

Zerlege einen Summanden in eine Hunderterzahl und einen Rest und rechne dann.

Berechne 198 + 453.
198 liegt nahe an 200, also vertauschen und 198 zerlegen
453 + 198
= 453 + 200 − 2
= 653 − 2
= 651

So gehst du vor

So kannst du mehrere Zahlen geschickt addieren:

Wenn du folgende Tricks anwendest, dann wird deine Rechnung kürzer und leichter.

Beispiele:

Berechne geschickt im Kopf.

a) 54 + 18 + 26 — vertauschen
= 54 + 26 + 18 — geschickte Zahlen addieren
= 80 + 18
= 98

„Geschickte" Zahlen ergeben beim Addieren immer Zahlen, die am Ende Nullen haben, also z. B. hinten 2 + 8, 3 + 7, …

b) 125 + 98 + 57 — zerlegen in Hunderterzahl
= 125 + 100 − 2 + 57
= 225 − 2 + 57 — zerlegen in Stufenzahl
= 223 + 57
= 280

Übungsaufgaben

Aufgabe 1 ●○○

Berechne im Kopf.

a) 16 + 47 = ________ b) 28 + 63 = ________

c) 35 + 17 = ________ d) 220 + 45 = ________

e) 78 + 29 = ________ f) 246 + 54 = ________

Aufgabe 2 ●○○

Ergänze die Lücken und berechne im Kopf.

a) 44 + 12

= 44 + 10 + ___

= ________

Hier kannst du das Zerlegen in Stufenzahlen üben.

b) 66 + 19

= 66 + ___ + 9

= ________

c) 75 + 58

= 75 + ___ + ___

= ________

Aufgabe 3 ●○○

Hier sollst du geschickt im Kopf rechnen. Berechne die Aufgaben und gib an, welche Tricks dabei helfen können …

a) 53 + 198 b) 77 + 65 c) 45 + 63 + 75

Trick 2
geschickte Zahlen addieren

Trick 1
Reihenfolge vertauschen

Trick 3
Zerlegen in Stufenzahlen

Trick 4
in Hunderterzahlen zerlegen

Übungsaufgaben

Aufgabe 4 ●○○

Berechne geschickt, indem du einen Summanden in Stufenzahlen zerlegst.

Nimm dazu den Summanden, der eine Null enthält!

a) 277 + 120
= 277 + ________ + ________
= ________

b) 205 + 78
= 78 + 205
= 78 + ________ + ________
= ________

c) 135 + 406
= 135 + ________ + ________
= ________

d) 852 + 160
= 852 + ________ + ________
= ________

e) 280 + 166
= 280 + ________ + ________
= ________

f) 307 + 579
= 579 + ________
= ________ + ________ + ________
= ________

Aufgabe 5 ●○○

Zerlege die Zahl in eine Hunderterzahl.

a) 95 = 100 − ________

b) 107 = 100 + ________

c) 306 = ____________

d) 491 = ____________

e) 794 = ____________

f) 808 = ____________

g) 512 = ____________

Aufgabe 6 ●○○

Berechne geschickt, indem du einen Summanden in eine Hunderterzahl zerlegst.

a) 222 + 98
= 222 + 100 − ______
= ______ − ______
= ______

b) 531 + 304
= 531 + ______ + ______
= ______ + ______
= ______

c) 321 + 97 = ____________
= ______ + ______ − ______
= ______ − ______
= ______

d) 205 + 138 = ____________
= 138 + ______
= ______ + ______ + ______
= ______ + ______

e) 495 + 379 = ____________

f) 128 + 411 = ____________

Aufgabe 7 ●●○

Bilde aus allen Zahlkärtchen jeweils zwei Zahlen.
Diese zwei Zahlen sollen addiert werden. Welche Karten musst du wählen und welche Zahlen damit bilden, damit …

a) … die Summe möglichst groß wird.

____

b) … die Summe möglichst klein wird.

____

c) … die Summe zwischen 1500 und 1700 liegt.

____

d) … die Summe möglichst nah bei 10 000 liegt.

____

Schriftlich addieren

Kompetenzcheck

Ich kann …	Aufgabe	Ergebnis
… eine Überschlags-rechnung machen.	**Aufgabe 1** Führe eine Überschlagsrechnung durch. a) 2046 + 9753 ≈ ______ b) 6842 + 5379 ≈ ______ c) 21 578 + 9710 + 3147 ≈ ______	→ S. 132

… Zahlen schriftlich addieren.	**Aufgabe 2**
	Berechne.
	a)
	  2 0 4 6
	+ 9 7 5 3
	―――――
	
	b)
	  6 8 4 2
	+ 5 3 7 9
	―――――
	
	c)
	  2 1 5 7 8
	+ 9 7 1 0
	+ 3 1 4 7
	―――――
	
	d) 3548 + 201978 + 971
		→ S. 132

Schritt-für-Schritt-Erklärung

Fachbegriffe

Damit du eine Vorstellung vom Ergebnis einer Rechenaufgabe erhältst, kannst du eine sogenannte **Überschlagsrechnung** machen.
Beim Addieren **rundet** man in der Regel **auf die größte Stelle der kleinsten Zahl**.
Mit diesen gerundeten Zahlen kannst du dann die Überschlagsrechnung im Kopf durchführen.

Dazu sagt man auch kurz einfach Überschlag.

1. Markiere die größte (erste) Stelle der kleinsten Zahl.
2. Markiere bei den anderen Zahlen die gleiche Stelle.
3. Runde alle Zahlen auf diese (markierte) Stelle.
4. Addiere die gerundeten Zahlen im Kopf.

Beispiel:
Führe eine Überschlagsrechnung durch.
3637 + 748 + 2914
Hunderter
3637 ≈ 3600
748 ≈ 700
2914 ≈ 2900

Überschlag:
3600 + 700 + 2900 = 7200

In diesem Fall kannst du nur die Hunderter addieren, also 36 + 7 + 29 = 72, und an das Ergebnis 2 Nullen anhängen.

So gehst du vor

So kannst du schriftlich addieren:

1. Addiere zuerst die Ziffern **ganz rechts**, die **Einer**. Erhältst du eine Zahl kleiner als 10, schreibst du das Ergebnis unten in die Ergebniszeile. Zehner schreibst du in die nächste Spalte als Übertrag.
2. Gehe in die nächste Spalte und addiere die Zehner wie in 1. beschrieben.
3. Rechne so weiter, bis du bei der letzten Spalte bist. Dort kannst du das Ergebnis direkt in die Ergebniszeile schreiben.

Tipp: Überprüfe dein Ergebnis, indem du es mit dem Überschlag vergleichst.

Überschlag: 3456 + 7890
≈ 3000 + 8000
= 11000

		T	H	Z	E
		3	4	5	6
	+	7	8	9	0

Zeile für Überträge
Ergebniszeile

		3	4	5	6
	+	7	8	9	0
					6

Rechne
0 + 6 = 6

		3	4	5	6
	+	7	$_1$8	9	0
				4	6

Rechne
9 + 5 = 14
Schreibe 4 in die Ergebniszeile und 1 als Übertrag in die nächste Spalte

		3	4	5	6
	+	$_1$7	$_1$8	9	0
			3	4	6

1 + 8 + 4 = 13

		3	4	5	6
+		$_1$7	$_1$8	9	0
	1	1	3	4	6

1 + 7 + 3 = 11
Ergebnis kann stimmen!

Schritt-für-Schritt-Erklärung

So gehst du vor

So kannst du mehrere Zahlen schriftlich addieren:

Möglichkeit 1:
Schreibe die Zahlen so untereinander, dass **gleiche Stellen untereinander** stehen, also Einer unter Einern, Zehner unter Zehnern usw.
Beginne rechts und nimm für jede Stelle/Ziffer ein Kästchen.
Addiere die Zahlen dann schriftlich.

Beispiel: Addiere 3637 + 748 + 2914.

	T	H	Z	E
	3	6	3	7
+		7	4	8
+	2	9	1	4
	2		1	
	7	2	9	9

Einer (E):	4 + 8 + 7 = 19	schreibe 9, übertrage 1
Zehner (Z):	1 + 1 + 4 + 3 = 9	schreibe 9
Hunderter (H):	9 + 7 + 6 = 22	schreibe 2, übertrage 2
Tausender (T):	2 + 2 + 0 + 3 = 7	schreibe 7

Möglichkeit 2:
Du kannst die Zahlen auch **zeilenweise** addieren.

1. Beginne dabei rechts und zähle die **letzten Ziffern** zusammen.
   3637 + 748 + 2914 = … 4 + 8 + 7 = 19 → 9
   Hast du als Ergebnis eine Zahl, die größer als 10 ist, schreibst du die Einer hin und die Zehnerziffer schreibst du als Übertrag zu den nächsten Ziffern (den Zehnern).
2. Addiere alle Ziffern, die an der nächsten Stelle stehen.
   3637 + 748 + 2914 = … 1 + 1 + 4 + 3 = 9 → 9
3. Rechne immer so weiter, bis du fertig bist.
   3637 + 748 + 2914 = … 9 + 7 + 6 = 22 → 2
   2 + 2 + 3 = 7

   3637 + 748 + 2914 = 7299

Tipp: Überprüfe dein Ergebnis mit einem Überschlag.
3637 + 748 + 2914
≈ 3600 + 700 + 2900 = 7200 (Ergebnis kann stimmen) ✓

Übungsaufgaben

Aufgabe 8 ●○○

Addiere schriftlich.

a)
```
  23987
+ 85105
```

b)
```
  5461793
+ 2850967
```

c)
```
  15793
+  8642
+  3357
```

d)
```
  27250
    987
+  1267
```

Aufgabe 9 ●○○

Mache zuerst einen Überschlag und addiere dann schriftlich.

a)
```
  9753
+ 7246
```

b)
```
  39472
+ 52481
```

c)
```
  6842
+  971
+ 5109
```

d)
```
  2806
+ 8114
+ 5931
+ 3092
```

Aufgabe 10 ●●○

Ergänze die Lücken.

a)

	1		6	0
+	6	7		2
	8	0	1	

b)

		5	2		2
+		1	2	7	0
+			7	4	
	1	6		8	5

Aufgabe 11 ●○○

Berechne schriftlich.

a) 805 + 1357 + 5463

b) 2846 + 712 + 5997

c) 4680 + 871 + 9753

d) 12345 + 27031 + 8864 + 1120

Aufgabe 12 ●○○

Ist die Aussage richtig oder falsch? Ist die Behauptung falsch, finde ein Gegenbeispiel.

	richtig	falsch	Gegenbeispiel
Addiert man zwei vierstellige Zahlen, so ist das Ergebnis immer eine fünfstellige Zahl.	☐	☐	
Addiert man zwei gerade Zahlen, so ist das Ergebnis auch eine gerade Zahl.	☐	☐	
Wenn man drei fünfstellige Zahlen addiert, erhält man als Ergebnis nie 50505.	☐	☐	
Addiert man zwei ungerade Zahlen, ist das Ergebnis eine gerade Zahl.	☐	☐	

Subtrahieren

Kompetenzcheck

Ich kann …	Aufgabe	Ergebnis
… die Fachausdrücke der Subtraktion anwenden.	**Aufgabe 1** Ordne die Fachausdrücke richtig zu. Differenz — Subtrahend — Minuend — Wert der Differenz 345 − 123 = 222	→ S. 133
… zweistellige Zahlen im Kopf subtrahieren.	**Aufgabe 2** Berechne im Kopf. a) 87 − 23 = b) 137 − 73 =	→ S. 133
… Addition und Subtraktion als entgegengesetzte Rechenarten anwenden.	**Aufgabe 3** Berechne die fehlenden Zahlen. a) ___ + 47 = 94 b) 68 + ___ = 104 c) 98 − ___ = 49	→ S. 133

Schritt-für-Schritt-Erklärung

Fachbegriffe

Der Fachbegriff für eine Rechnung, in der Zahlen voneinander **abgezogen** werden, ist **Subtraktion**. Statt abziehen sagt man auch **subtrahieren**.

Bei einer Subtraktion kommt es auf die Reihenfolge an. Deshalb haben die Zahlen auch unterschiedliche Namen.
Die erste Zahl ist der **Minuend**, die Zahl, die davon **subtrahiert** wird, ist der **Subtrahend**. Die Rechnung nennt man **Differenz**, das Ergebnis **Wert der Differenz** oder auch kurz Differenz.

83	–	46	=	37
Minuend		Subtrahend		Wert der Differenz

Differenz (83 – 46)

Hier darfst du die Zahlen nicht vertauschen!

Addieren und Subtrahieren sind entgegen **gesetzte Rechenarten**, d.h. das Addieren einer Zahl kann durch Subtrahieren der gleichen Zahl **rückgängig** gemacht werden. Umgekehrt kann das Subtrahieren einer Zahl durch Addieren der gleichen Zahl rückgängig gemacht werden.

Dies nennt man auch Umkehrrechnung oder Rückwärtsrechnen.

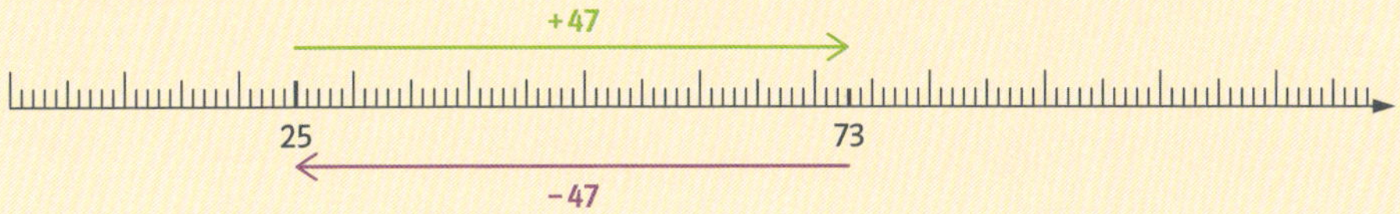

So gehst du vor

So kannst du zweistellige Zahlen im Kopf subtrahieren:

1. Zerlege den Subtrahenden in seine Stufenzahlen, also in Zehner und Einer.
2. Ziehe dann nacheinander die Stufenzahlen vom Minuenden ab.

Beispiel:
Berechne 83 – 46.
46 = 40 + 6
83 – 46
= 83 – 40 – 6
= 43 – 6
= 37

Tipp: Es hilft dir, wenn du dir leise die einzelnen Schritte aufsagst (oder aufschreibst).

„83 minus 46 ist 83 minus 40 minus 6 ist 43 minus 6 ist 37."

Schritt-für-Schritt-Erklärung

So gehst du vor

So kannst du dreistellige Zahlen geschickt im Kopf subtrahieren:

Möglichkeit 1:
Zerlege den Subtrahenden in seine Stufenzahlen und subtrahiere dann schrittweise wie oben beschrieben.

Berechne im Kopf:

  352 − 110   110 = 100 + 10
= 352 − 100 − 10
= 252 − 10 = 242

Möglichkeit 2:
Zerlege den Subtrahenden in eine Hunderterzahl und den Rest.

Berechne im Kopf:

a) 484 − 205   205 = 200 + 5
  = 484 − 200 − 5
  = 284 − 5 = 279

Beachte: Ist der Subtrahend kleiner als die Hunderterzahl, musst du den Rest dann addieren.

b) 531 − 198   198 = 200 − 2
  = 531 − 200 + 2
  = 331 + 2 = 333

So gehst du vor

So kannst du fehlende Zahlen im Kopf berechnen:

Forme die Rechnung durch Rückwärtsrechnen so um, dass das Kästchen bzw. die fehlende Zahl alleine steht.
Dann kannst du die fehlende Zahl direkt berechnen.

a) □ ⊕ 12 = 41
41 ⊖ 12 = □
also □ = 29

Beachte:
Die fehlende Zahl sollte immer die erste Zahl sein. Deshalb kannst du folgende Tricks anwenden:

1. Beim Addieren darfst du die Summanden vertauschen.
2. Ist die fehlende Zahl der Subtrahend, musst du drei Schritte rechnen: umkehren – vertauschen – umkehren

b) 54 ⊖ □ = 37
umkehren
37 ⊕ □ = 54
vertauschen
□ ⊕ 37 = 54
umkehren
54 ⊖ 37 = □
also □ = 17

Übungsaufgaben

Aufgabe 13 ●○○
Berechne im Kopf.

a) 72 − 16   b) 97 − 28   c) 90 − 65   d) 71 − 62   e) 85 − 37   f) 53 − 18

Aufgabe 14 ●○○
Berechne im Kopf.

a) 300 − 25   b) 234 − 56   c) 180 − 44   d) 456 − 65   e) 602 − 74   f) 710 − 85

Aufgabe 15 ●○○
Berechne die fehlenden Zahlen. Nebeneinander stehende Zahlen werden immer subtrahiert.

285	142	76	31

Aufgabe 16 ●○○
Berechne geschickt im Kopf.

a) 213 − 102   b) 345 − 206   c) 444 − 198   d) 705 − 299   e) 623 − 497   f) 567 − 398

Aufgabe 17 ●●○
Vergleiche die beiden Rechnungen. Setze das richtige Zeichen <, = oder > für ▢ ein.

a) 123 − 52 ▢ 271 − 102   b) 553 − 298 ▢ 460 − 203

Aufgabe 18 ●●○
Eine Zahl soll von einer anderen Zahl subtrahiert werden. Welche Karten musst du wählen? Schreibe jeweils die Rechnung auf.

a) Die Differenz soll möglichst groß werden.
b) Die Differenz soll möglichst klein werden.
c) Die Differenz liegt zwischen 300 und 400.
d) Die Differenz liegt möglichst nahe bei 500.

Aufgabe 19 ●○○
Bestimme die fehlenden Zahlen.

a) ▢ + 36 = 63   b) ▢ − 23 = 56   c) 34 + ▢ = 88

d) 79 − ▢ = 43   e) 128 + ▢ = 166   f) 122 − ▢ = 58

Schriftlich subtrahieren

Kompetenzcheck

Ich kann …	Aufgabe	Ergebnis
… zwei Zahlen schriftlich subtrahieren.	**Aufgabe 1** Berechne. a) 8765 − 4321 = ____ b) 6420 − 3571 = ____	☺ 😐 ☹ → S. 133
… von einer Zahl zwei oder mehr Zahlen schriftlich subtrahieren.	**Aufgabe 2** Berechne. 52721 − 12670 − 1100 = ____	☺ 😐 ☹ → S. 134
… das Ergebnis einer Subtraktion durch Überschlagsrechnung überprüfen.	**Aufgabe 3** Können die Ergebnisse richtig sein? Führe eine Überschlagsrechnung durch und kreuze ja oder nein an.	☺ 😐 ☹ → S. 134

a)

	8	7	6	5
−	4	3	2	1

b)

	6	4	2	0
−	3	5	7	1

Aufgabe 2:

	5	2	7	2	1
	1	2	6	7	0
−		1	1	0	0

Aufgabe 3:

	ja	nein
9127 − 6859 = 3268 Überschlag:	☐	☐
34 567 − 12 987 − 9705 = 1185 Überschlag:	☐	☐

Schritt-für-Schritt-Erklärung

So gehst du vor

Beim schriftlichen Subtrahieren gibt es unterschiedliche Verfahren, z. B. das Abziehverfahren und das Ergänzungsverfahren.
Wir beschreiben hier das Ergänzungsverfahren.

So kannst du schriftlich subtrahieren:

Hier nutzt man den Zusammenhang zwischen Addition und Subtraktion.

1. Beginne wie bei der Addition mit der rechten Spalte, den Einern. Ergänze dann die untere Zahl zur oberen Zahl.
   a) Ist die untere Zahl **kleiner** als die obere Zahl, schreibst du die ergänzte Zahl in die Ergebniszeile.
   b) Ist die untere Zahl **größer** als die obere Zahl, kannst du eigentlich nicht ergänzen. Deshalb musst du dir eine 1 aus der nächsten Spalte „ausleihen". Diese 1 schreibst du in die Übertragzeile. Dann ergänzt du zum Zehner.
2. Gehe in die nächste Spalte und ergänze wie in 1. beschrieben.
3. Rechne so weiter, bis du bei der letzten Spalte bist.

Tipp: Überprüfe dein Ergebnis mit einer Überschlagsrechnung.

Überschlag: 8562 – 3571
≈ 9000 – 4000
= 5000 ✓

	T	H	Z	E
	8	5	6	2
–	3	5	7	1

Zeile für Überträge
Ergebniszeile

	8	5	6	2
–	3	5	7	1
				1

Rechne:
1 + □ = 2,
1 + 1 = 2
Schreibe 1 in die Ergebniszeile

	8	5	6	2
–	3	${}_{1}5$	7	1
			9	1

7 ist größer als 6, also leihe 1 aus und rechne:
7 + □ = 16,
7 + 9 = 16
Schreibe 9 in die Ergebniszeile

	8	5	6	2
–	${}_{1}3$	${}_{1}5$	7	1
		9	9	1

5 + 1 ist 6,
6 ist größer als 5,
also leihe 1 von der nächsten Spalte aus
Rechne:
1 + 5 + □ = 15,
6 + 9 = 15

	8	5	6	2
–	${}_{1}3$	${}_{1}5$	7	1
	4	9	9	1

Rechne:
1 + 3 + □ = 8,
4 + 4 = 8

Schritt-für-Schritt-Erklärung

So gehst du vor

So kannst du mehrere Zahlen subtrahieren:

Auch hier rechnest du spaltenweise.

Achtung:
Zähle die Zahlen der Subtrahenden einer Spalte zusammen und ergänze dann zur Zahl des Minuenden.

Manchmal musst du dir auch 2 aus der nächsten Spalte leihen.

	T	H	Z	E
	9	5	2	2
−	1	0	3	7
−		7	$_{1}$9	1
				4

Rechne:
1 + 7 + □ = 12
+ □ = 12
8 + **4** = 12

	T	H	Z	E
	9	5	2	2
−	1	0	3	7
−		$_{2}$7	$_{1}$9	1
			9	4

Rechne:
1 + 9 + 3 + □ = 22
13 + □ = 22
13 + **8** = 22

	T	H	Z	E
	9	5	2	2
−	1	0	3	7
−	$_{1}$	$_{2}$7	$_{1}$9	1
		6	9	4

Rechne:
2 + 7 + □ = 15
9 + □ = 15
9 + **6** = 15

Rechne:
1 + 1 + □ = 9
7 =

	T	H	Z	E
	9	5	2	2
−	1	0	3	7
−	$_{1}$	$_{2}$7	$_{1}$9	1
	7	6	9	4

Rechne:
1 + 1 + □ = 9
7 =

Übungsaufgaben

Aufgabe 20 ●○○
Subtrahiere schriftlich.

a)

	9	7	5	4
−	8	0	3	6

b)

	1	6	0	1	6
−		3	8	3	9

c)

	4	1	9	6	8
−	3	6	9	6	3

Aufgabe 21 ●○○

Subtrahiere schriftlich.

a)

	8	7	6	5	4
−		1	2	3	4
−		2	4	6	8

b)

	6	5	6	5	6
−		3	2	2	3
−	1	0	9	0	1

c)

	2	5	9	3	3
−	2	1	7	6	6
−		2	0	1	2
−			1	0	1

Aufgabe 22 ●○○
Mache zuerst einen Überschlag und subtrahiere dann schriftlich.

a) 10 901 − 8761
b) 7455 − 3264
c) 7839 − 5959 − 1221
d) 15 791 − 3366 − 4224

Aufgabe 23 ●●○
Ergänze die Lücken.

a) 8___76 − 23___2 = ___11___
b) 3___7 − ___23 = 19___

c) ___9___8 − 4___21 = 232___

Aufgabe 24 ●●●
In den Karten sind verschiedene Aufgaben durcheinander geraten. Mache einen Überschlag, um herauszufinden, welche Zahlen zueinander gehören.

94 518 78 403 182 961 56 812	−	63 310 97 256 35 299 26 981	=	67 537 15 093 21 513 85 705

Multiplizieren

Kompetenzcheck

Ich kann …	Aufgabe	Ergebnis
… die Fachausdrücke der Multiplikation anwenden.	**Aufgabe 1** Ordne die Fachausdrücke richtig zu. 2. Faktor; 1. Faktor; Produkt; Wert des Produkts ☐ ☐ ☐ 13 · 8 = 104 ☐	→ S. 134
… geschickt im Kopf mit ein- und zweistelligen Zahlen multiplizieren.	**Aufgabe 2** Berechne im Kopf. a) $23 \cdot 8 =$ ______ b) $11 \cdot 12 =$ ______ c) $40 \cdot 70 =$ ______	→ S. 134
… Produkte mit gleichen Faktoren als Potenz schreiben.	**Aufgabe 3** Schreibe als Potenz. a) $3 \cdot 3 \cdot 3 \cdot 3 =$ ______ b) $12 \cdot 12 =$ ______	→ S. 134
… Potenzen berechnen.	**Aufgabe 4** Berechne. a) $5^2 =$ ______ b) $2^4 =$ ______	→ S. 134

Schritt-für-Schritt-Erklärung

Fachbegriffe

Der Fachbegriff für eine Rechnung, in der **Zahlen** malgenommen werden, ist **Multiplikation**. Statt malnehmen sagt man auch **multiplizieren**.

Die Zahlen, die multipliziert werden, heißen **Faktoren**; sie können nach ihrer Reihenfolge durchnummeriert werden. Die gesamte Rechnung (Multiplikation) nennt man **Produkt**. Das Ergebnis einer Multiplikation nennt man **Wert des Produkts** oder auch kurz **Produkt**.

23	·	7	=	161
1. Faktor		2. Faktor		Wert des Produkts

(1. Faktor · 2. Faktor: Produkt)

Wird eine Zahl mehrmals mit sich selbst multipliziert, kann man dieses Produkt auch kürzer als **Potenz** schreiben.

Beispiel:
$5 \cdot 5 \cdot 5 = 5^3$

Sprich: „5 hoch 3".

Potenz → 5^3

Hochzahl oder Exponent gibt die Anzahl der Faktoren an, also **wie oft** die Zahl mit sich selbst malgenommen wird.

Grundzahl oder Basis gibt den Faktor an.

Beim Potenzieren gibt es zwei Besonderheiten:
1. Eine Zahl hoch 1 ist immer die Zahl selbst.
2. Eine Zahl hoch 0 ist immer 1.

Beispiele:
$2^1 = 2$
$4^0 = 1$

Wie beim Addieren darf man beim Multiplizieren die **Faktoren vertauschen**, da sich der Wert des Produkts dadurch nicht ändert.

$2 \cdot 3 = 6$
$3 \cdot 2 = 6$

Schritt-für-Schritt-Erklärung

So gehst du vor

So kannst du zweistellige Zahlen im Kopf multiplizieren:

	Berechne $21 \cdot 15$.
1. **Zerlege** den 2. Faktor in seine Stufenzahlen, also in Zehner und Einer.	$15 = 10 + 5$
2. Multipliziere dann den 1. Faktor mit dem Zehner und den 1. Faktor mit dem Einer und zähle die beiden Teilergebnisse zusammen.	Rechne also $\underbrace{21 \cdot 10} + \underbrace{21 \cdot 5}$ $= 210 + 105$ $= 315$
Tipp: Es hilft dir, wenn du dir leise die einzelnen Schritte aufsagst (oder aufschreibst).	„15 ist 10 plus 5. Also 21 mal 10 ist 210 und 21 mal 5 ist 105. 210 plus 105 sind 315."

So gehst du vor

Besonderheiten beim Multiplizieren:

	Beispiele:
1. **Multiplizieren mit 0** Ist ein Faktor 0, also multiplizierst du eine Zahl mit 0, so ist das Ergebnis, das Produkt, immer 0.	$21 \cdot 0 = 0$ $5 \cdot 2 \cdot 0 = 0$
2. **Multiplizieren mit 10, 100, 1000, ...** Wenn du eine Zahl mit 10 multiplizierst, hängst du an die Zahl einfach eine 0 an, multiplizierst du mit 100, hängst du 2 Nullen an usw.	$15 \cdot 10 = 150$ $123 \cdot 100 = 12300$ $12 \cdot 400$ Rechne $12 \cdot 4$ und hänge zwei Nullen an: $12 \cdot 4 = 48$, also $12 \cdot 400 = 4800$

Übungsaufgaben

Aufgabe 25 ●○○
Berechne im Kopf.

a) $19 \cdot 6 =$ ___ b) $15 \cdot 3 =$ ___ c) $14 \cdot 9 =$ ___
d) $22 \cdot 5 =$ ___ e) $35 \cdot 7 =$ ___ f) $48 \cdot 4 =$ ___

Aufgabe 26 ●○○
Berechne im Kopf. Fülle zuerst die Lücken aus.

a) $72 \cdot 5 =$ ___ $\cdot 5 +$ ___ $\cdot 5$ b) $8 \cdot 64 = 8 \cdot$ ___ $+ 8 \cdot$ ___
c) $33 \cdot 9 =$ ___ $\cdot 9 +$ ___ $\cdot 9$ d) $58 \cdot 7 = 7 \cdot$ ___ $+ 7 \cdot$ ___

Aufgabe 27 ●●○
Berechne im Kopf. Hier darfst du Zwischenergebnisse notieren.

a) $12 \cdot 13$ b) $23 \cdot 16$ c) $36 \cdot 21$ d) $25 \cdot 18$ e) $17 \cdot 22$ f) $15 \cdot 18$

Aufgabe 28 ●○○
Berechne im Kopf.

Denke an die Nullen.

a) $13 \cdot 10$ b) $10 \cdot 230$ c) $54 \cdot 100$ d) $100 \cdot 33$ e) $122 \cdot 1000$ f) $1000 \cdot 69$

Aufgabe 29 ●○○
Berechne im Kopf.

a) $20 \cdot 30$ b) $60 \cdot 5$ c) $180 \cdot 4$ d) $1200 \cdot 6$ e) $500 \cdot 70$ f) $440 \cdot 50$

Aufgabe 30 ●○○
Berechne geschickt im Kopf. Nutze Rechenvorteile.

a) $2 \cdot 38 \cdot 5$ b) $6 \cdot 7 \cdot 5 \cdot 3$ c) $4 \cdot 21 \cdot 5$ d) $25 \cdot 8 \cdot 4$

Aufgabe 31 ●●○
Wie ändert sich der Wert eines Produkts aus zwei Faktoren, wenn
a) man einen der beiden Faktoren verdoppelt?
b) man beide Faktoren verdoppelt?
c) man beide Faktoren verdreifacht?
d) man einen Faktor verdoppelt und den anderen halbiert?

Schriftlich multiplizieren

Kompetenzcheck

Ich kann …	Aufgabe	Ergebnis
… zwei Zahlen schriftlich multiplizieren.	**Aufgabe 1** Berechne. a) 24680 · 5 b) 5179 · 24 c) 543 · 204	🙂 😐 🙁 → S. 135
… das Ergebnis einer Multiplikation durch Überschlagsrechnung überprüfen.	**Aufgabe 2** Können die Ergebnisse richtig sein? Führe eine Überschlagsrechnung durch und kreuze ja oder nein an.	🙂 😐 🙁 → S. 135

	Überschlag	ja	nein
312 · 295 = 92040		☐	☐
4321 · 87 = 37527		☐	☐

Schritt-für-Schritt-Erklärung

Beispiele

Beim Multiplizieren reicht es meist aus, wenn du zur Überschlagsrechnung jeden Faktor auf die größte(n) Stelle(n) rundest. Ist ein Faktor eine einstellige Zahl, kannst du diese so stehen lassen.

Beispiel: $12345 \cdot 6$
$\approx 10000 \cdot 6 = 60000$

oder etwas genauer: $12345 \cdot 6$
$\approx 12000 \cdot 6 = 72000$

So gehst du vor

So kannst du eine Zahl mit einer einstelligen Zahl schriftlich multiplizieren:

Grundsätzlich gilt:
Multipliziere nacheinander die Ziffern des 1. Faktors von **rechts nach links** mit dem 2. Faktor. Schreibe das (Teil-) Ergebnis in die Ergebniszeile; beginne dabei direkt unter dem 2. Faktor.
Erhältst du dabei ein (Teil-)Ergebnis, das eine zweistellige Zahl ist, merkst du dir die Zehnerzahl und schreibst die Einer in die Ergebniszeile.

1	2	3	4	5	·	6

← Ergebniszeile

1	2	3	4	5	·	6
						0

Rechne:
$6 \cdot 5 = 30$
schreibe 0
merke 3

1	2	3	4	5	·	6
					7	0

Rechne:
$6 \cdot 4 + 3 = 27$
schreibe 7
merke 2

1	2	3	4	5	·	6
				0	7	0

Rechne:
$6 \cdot 3 + 2 = 20$
schreibe 0
merke 2

1	2	3	4	5	·	6
			4	0	7	0

Rechne:
$6 \cdot 2 + 2 = 14$
schreibe 4
merke 1

1	2	3	4	5	·	6
		7	4	0	7	0

Rechne:
$6 \cdot 1 + 1 = 7$

Überprüfe dein Ergebnis durch eine Überschlagsrechnung.
$12345 \cdot 6$
$\approx 12000 \cdot 6$
$= 72000$

Ergebnis kann stimmen ✓

So gehst du vor

So kannst du eine Zahl mit einem mehrstelligen Faktor multiplizieren:

1. Führe das Verfahren der schriftlichen Multiplikation mit einem einstelligen Faktor **mehrmals** durch. Schreibe die Teilergebnisse **genau** untereinander.
   Beachte: Die Zehnerergebniszeile beginnt unter dem Zehner, die Einerergebniszeile unter dem Einer.
2. Addiere am Ende schriftlich die Teilergebnisse.

1	2	3	4	5	·	6	3	
								← Zehnerzeile
								← Einerzeile

1	2	3	4	5	·	6	3
		7	4	0	7	0	0
+		0	3	7	0	3	5
		7	7	7	7	3	5

Rechne zuerst:
$12345 \cdot 6$

Rechne dann:
$12345 \cdot 3$

Übungsaufgaben

Aufgabe 32 ●○○

Mache einen Überschlag und berechne schriftlich.

a)

1	2	3	·	4

b)

9	7	5	3	·	3

c)

1	2	4	8	·	6

d)

5	3	1	7	·	9

e)

7	2	7	0	·	5

f)

9	3	0	0	·	7

Aufgabe 33 ●○○

Mache einen Überschlag und berechne schriftlich.

a)

1	2	2	·	3	2

b)

2	4	6	·	8	1

c)

7	5	3	·	4	6

d)

6	9	7	·	5	2

e)

6	1	4	·	1	3	1

f)

2	5	·	1	2	0	2

Aufgabe 34 ●○○

Ergänze die Lücken.

a)

	7	2	0		·	2	
		1		4	1	0	
+			5		6	4	0
		2		1		4	0

b)

	4	3	2	5	·		3
		2		6	0	5	
+				2	9	6	3
		2			0	1	3

Aufgabe 35 ●○○

In die Aufgaben haben sich Fehler eingeschlichen. Finde die Fehler und korrigiere sie.

a)

	5	4	3	·	2	1
			1	0	8	6
+				5	4	3
			1	6	2	9

b)

	5	0	2	·	7	2
			3	6	4	
+				1	0	4
			3	7	4	4

c)

	4	6	8	·	3	1	0
		1	4	0	4		
+				4	6	8	
		1	4	5	0	8	

Aufgabe 36 ●○○

Berechne die Aufgaben und verbinde jeweils mit der richtigen Lösung.

Gehe geschickt vor, du musst nicht (immer) rechnen.

963 · 42	44 198
3157 · 14	40 446
396 · 842	333 432
52 · 795	37 536
69 · 544	41 340

Dividieren

Kompetenzcheck

Ich kann …	Aufgabe	Ergebnis
… die Fachausdrücke der Division anwenden.	**Aufgabe 1** Ordne die Fachbegriffe richtig zu. Divisor · Quotient · Dividend · Wert des Quotienten [ ] [ ] [ ] 165 : 5 = 33 [ ]	→ S. 135
… geschickt im Kopf dividieren.	**Aufgabe 2** Berechne im Kopf. a) 128 : 4 = ______ b) 848 : 8 = ______ c) 3500 : 70 = ______	→ S. 135
… Multiplikation und Division als entgegengesetzte Rechenarten anwenden.	**Aufgabe 3** Berechne die fehlenden Zahlen. a) 7 · ☐ = 91 b) ☐ · 14 = 168 c) ☐ : 15 = 9 d) 102 : ☐ = 17	→ S. 135

Schritt-für-Schritt-Erklärung

Fachbegriffe

Der Fachbegriff für eine Rechnung, in der eine Zahl durch eine andere Zahl **geteilt** wird, ist **Division**. Statt teilen sagt man auch **dividieren.**

Bei einer Division kommt es auf die Reihenfolge an. Deshalb haben die Zahlen unterschiedliche Namen.
Die erste Zahl heißt **Dividend**, die zweite Zahl, durch die geteilt wird, ist der **Divisor**.
Die Rechnung heißt **Quotient**, das Ergebnis **Wert des Quotienten** oder auch kurz Quotient.

161	:	7	=	23
Dividend		Divisor		Wert des Quotienten

(161 : 7 = Quotient)

Das kannst du dir so merken: Im Alphabet kommt Dividend vor Divisor, also 1 vor 2.

So gehst du vor

So kannst du eine größere Zahl durch eine einstellige Zahl im Kopf dividieren:

Berechne 126 : 7 im Kopf.

1. Zerlege den Dividend in eine Zahl, die du schnell als **durch den Divisor teilbar** erkennst, und einen Rest.
2. Dividiere dann nacheinander diese beiden Zahlen durch den Divisor und zähle die beiden Teilergebnisse zusammen.

126 = 70 + 56
Rechne also
70 : 7 = 10
56 : 7 = 8
10 + 8 = 18,
also 126 : 7 = 18

Tipp:
Es hilft dir, wenn du dir leise die einzelnen Schritte aufsagst (oder aufschreibst).

Schritt-für-Schritt-Erklärung

So gehst du vor

Besonderheiten beim Dividieren:

Beispiele:

1. **0 durch eine Zahl dividieren**
   Wenn man 0 durch eine andere Zahl (außer 0) teilt, erhält man als Ergebnis 0.

   0 : 72 = 0

2. **Durch 0 dividieren**
   Achtung: Durch 0 darf man **nicht** dividieren!

   69 : 0 geht nicht!

3. **Dividieren durch 10, 100, 1000, ...**
   Wenn du eine Stufenzahl durch 10 dividierst, streichst du bei dieser Zahl einfach eine Null weg, bei 100 zwei Nullen usw.

   12~~0~~ : 1~~0~~ = 12
   23 9~~00~~ : 1~~00~~ = 239
   32~~00~~ : 8~~0~~ = 40

4. **Dividieren durch eine Zehnerzahl, Hunderterzahl, ...**
   Streiche bei beiden Zahlen **gleich viele** Nullen weg und rechne dann.

   3200 : 800 = 32 : 8 = 4
   3050 : 50 = 305 : 5 = 61

5. **Endnullen beim Dividieren**
   Hat der Dividend als letzte Ziffern Nullen und geht die Rechnung ohne die Nullen bei der Division auf, kannst du die Nullen zum Rechnen weglassen und einfach an das Ergebnis anhängen.

   2400 : 8
   Rechne 24 : 8 = 3, also
   2400 : 8 = 300

Schritt-für-Schritt-Erklärung

Fachbegriffe

Multiplizieren und Dividieren sind **entgegengesetzte Rechenarten**, d.h. das Multiplizieren einer Zahl kann durch Division der gleichen Zahl **rückgängig** gemacht werden. Umgekehrt kann die Division einer Zahl durch Multiplikation der gleichen Zahl rückgängig gemacht werden.
Dies nennt man auch **Umkehrrechnen**.

$18 \xrightarrow{\cdot 8} 144$, $144 \xrightarrow{:8} 18$

$18 \cdot 8 = 144$
$144 : 8 = 18$

So gehst du vor

So kannst du fehlende Zahlen im Kopf berechnen:

Forme die Rechnung durch Rückwärts- bzw. Umkehrrechnen so um, dass das **Kästchen bzw. die fehlende Zahl alleine** steht.

Berechne die fehlende Zahl.

a) □ · 8 = 112
112 : 8 = □ — umkehren und Rechenzeichen vertauschen

Rechne: 112 : 8
80 : 8 = 10
32 : 8 = 4
Also 112 : 8 = 10 + 4 = 14

Beachte:
Die fehlende Zahl sollte immer die erste Zahl sein. Deshalb kannst du folgende Tricks anwenden:

1. Beim Multiplizieren darfst du die **Faktoren vertauschen**.

b) 9 · □ = 135
□ · 9 = 135 — vertauschen
135 : 9 = □ — umkehren
135 : 9 = 15

2. Ist die fehlende Zahl der Divisor, benötigst du drei Rechenschritte: umkehren – vertauschen – umkehren

c) 112 : □ = 7
7 · □ = 112 — Umkehrrechnung
□ · 7 = 112 — vertauschen
112 : 7 = □ — Umkehrrechnung
112 : 7 = 16

Übungsaufgaben

Aufgabe 37 ●○○
Berechne im Kopf.

a) 54 : 3 b) 84 : 7 c) 85 : 5 d) 64 : 4
e) 104 : 8 f) 125 : 5 g) 84 : 6 h) 189 : 3

Aufgabe 38 ●○○
Berechne im Kopf.

a) 0 : 9 b) 280 : 40 c) 3500 : 500 d) 4000 : 80
e) 12000 : 3000 f) 44000 : 400 g) 8 : 0 h) 2100 : 50

Aufgabe 39 ●○○
Berechne die fehlende Zahl.

a) $\square \cdot 5 = 75$ b) $12 \cdot \square = 132$ c) $\square \cdot 13 = 117$ d) $136 : \square = 17$

Aufgabe 40 ●●○
In manchen Aufgaben haben sich Fehler eingeschlichen. Finde die Fehler und korrigiere die falschen Ergebnisse.

a) $13 \cdot 6 = 78$ b) $221 : 17 = 12$ c) $16 \cdot 12 = 194$ d) $126 : 18 = 7$
e) $336 : 16 = 21$ f) $148 : 4 = 36$

Aufgabe 41 ●●●
Wie ändert sich der Wert des Quotienten, wenn man

a) den Dividenden verdoppelt?
b) den Divisor verdoppelt?
c) den Dividenden und den Divisor verdoppelt?
d) den Dividenden verdoppelt und den Divisor halbiert?

Aufgabe 42 ●●●
Schreibe zu den Aufgaben jeweils eine Rechnung und berechne die fehlende Zahl.

Tipp: Schreibe __ für die fehlende Zahl.

a) Eine Zahl wurde mit 15 multipliziert, das Ergebnis ist 90.
b) Der neunte Teil einer Zahl ist 14. Um welche Zahl handelt es sich?
c) Der Quotient ist 22, der Divisor ist 7. Wie lautet der Dividend?
d) Der Quotient von 154 und einer Zahl ist 6. Um welche Zahl handelt es sich?

Schriftlich dividieren

Kompetenzcheck

Ich kann ...	Aufgabe	Ergebnis
... zwei Zahlen schriftlich dividieren.	**Aufgabe 1** Berechne. a) 3 2 1 0 : 6 = b) 9 8 7 2 : 8 = c) 3 4 6 5 : 1 5 =	☺ 😐 ☹ → S. 136

Kompetenzcheck

Ich kann …	Aufgabe	Ergebnis
… das Ergebnis einer Division durch Überschlagsrechnen überprüfen.	**Aufgabe 2** Notiere für die Aufgabe eine Überschlagsrechnung und berechne den Überschlag. a) 9728 : 19 b) 11 601 : 9	→ S. 136

Schritt-für-Schritt-Erklärung

So gehst du vor

Beim Dividieren reicht es in der Regel aus, wenn du zur **Überschlagsrechnung Dividend** und **Divisor** so **rundest**, dass du geschickt im Kopf dividieren kannst. Dann bekommst du eine ungefähre Vorstellung vom exakten Ergebnis.

Beispiele:

a) 1107 : 9
1107 ≈ 1000, 9 ≈ 10
Überschlag: 1000 : 10 = 100
Oder suche dir eine 9er Zahl in der Nähe von 1107.
1107 ist ungefähr 990.
Überschlag: 990 : 9 = 110

b) 8427 : 24
8427 ≈ 8000, 24 ≈ 20
Überschlag: 8000 : 20 = 400

Bei Überschlagsrechnungen wird meist nicht nach den Rundungsregeln gerundet, sondern es werden zum Rechnen passende Zahlen gesucht.

So gehst du vor

So kannst du schriftlich dividieren:

Grundsätzlich gilt: Dividiere nacheinander die Stellen des Dividenden **von links nach rechts** durch den Divisor.

1. Überprüfe, wie oft der Divisor in die erste Ziffer von links passt. Passt der Divisor nicht in die erste Ziffer, musst du noch die zweite Ziffer (oder sogar die dritte) dazu nehmen.
   7 passt nicht in die 1, nimm also die 12.
   7 passt 1-mal in die 12. Schreibe die 1 in die Ergebniszeile.
   Rechne nun von rechts nach links 1·7 = 7 und schreibe das Teilergebnis stellengerecht unter die 12.
   Übrig bleiben 12 − 7 = 5.
2. Hole die nächste Ziffer von oben nach unten. Überprüfe, wie oft der Divisor in dieses Teilergebnis passt.
   7 passt 7-mal in 53. Schreibe die 7 in die Ergebniszeile.
   Multipliziere 7·7 = 49 und schreibe das Teilergebnis stellengerecht unter die 53 und subtrahiere.
3. Wiederhole Schritt 2 so oft, bis oben im Dividenden keine Ziffer mehr übrig ist.

	1	2	3	2	:	7	=	1	7	6
−		7				1·7				
		5	3							
	−	4	9			7·7				
			4	2						
		−	4	2		6·7				
				0						

Überschlag:
1400 : 7 = 200
Ergebnis kann stimmen ✓

Um schriftlich dividieren zu können, musst du gut im Kopf multiplizieren können.

Schritt-für-Schritt-Erklärung

So gehst du vor

Beachte:
Das Verfahren kannst du auch anwenden, wenn der Divisor eine mehrstellige Zahl ist!

Gehe genauso vor wie auf der vorhergehenden Seite beschrieben.

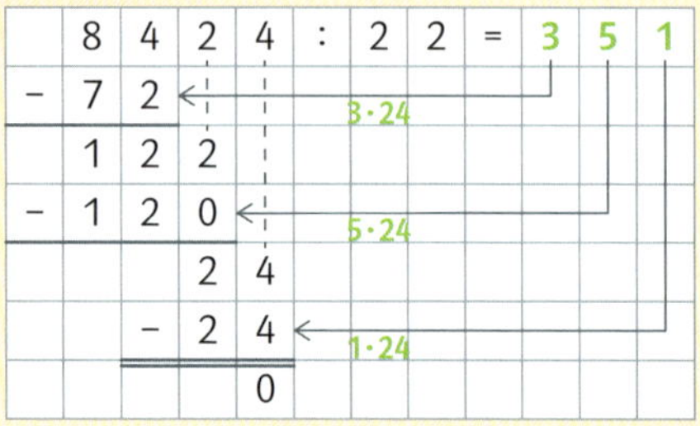

So gehst du vor

Besonderheit beim Dividieren – Dividieren mit Rest:

Eine Division muss nicht immer aufgehen. Dann bleibt ein **Rest** übrig, der immer **kleiner als der Divisor** sein muss.

Beispiel:
Oben im Dividenden steht keine freie Ziffer mehr.
Also geht die Division nicht auf.
2 ist der Rest, der übrig bleibt.

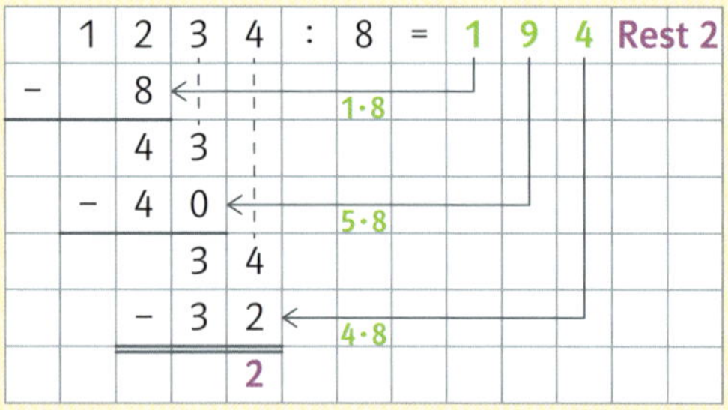

Übungsaufgaben

Aufgabe 43 ●○○

Mache zuerst einen Überschlag und berechne dann.

Bei diesen Aufgaben geht die Division auf!

a) 1605 : 5 =

b) 3452 : 4 =

b) 1616 : 8 =

d) 5688 : 9 =

Aufgabe 44 ●●○

Berechne.

a) 3852 : 12 =

b) 504 : 18 =

c) 6501 : 11 =

d) 4950 : 25 =

Übungsaufgaben

Aufgabe 45 ●○○

Berechne.

a)

5	4	3	2	:	6	=					

b)

6	7	8	9	:	5	=				

c)

1	3	5	7	:	4	=					

d)

9	7	5	3	:	7	=				

Aufgabe 46 ●●○

Berechne.

a) 2468 : 11
b) 2468 : 15
c) 13 570 : 20
d) 24 313 : 25

Aufgabe 47 ●○○

Bestimme die fehlenden Ziffern.

a)		3		5	0	:	6	=	6			
	–	3	6									
			1									
				2								
			–		0							
					0							

b)		3	5		1		:	2		=	1			
	–		4											
	–		9											
				1	1									
		–												
				1	9									
			–											
						0								

Manche Ergebnisse kannst du durch Überlegen bzw. Überschlagsrechnen ausschließen!

Aufgabe 48 ●○○

Finde das Ergebnis und verbinde mit der richtigen Lösung.

3927 : 11	409
3681 : 9	543
4344 : 8	369
5535 : 15	357
2499 : 7	357

Abschlusskompetenzcheck

	Ich kann ...	✓
1	**... im Kopf rechnen.** Berechne im Kopf. a) 345 + 98 = ________ b) 149 − 72 = ________ c) 17 · 13 = ________ d) 143 : 13 = ________	
2	**... schriftlich rechnen.** Berechne schriftlich. Mache zuerst einen Überschlag. a) 53 417 + 6633 + 14 442 Überschlag: ________ b) 56 789 − 12 345 Überschlag: ________	

	Ich kann ...	✓
2	c) 724 · 143 Überschlag: ______ d) 3648 : 3 Überschlag: ______	
3	**... fehlende Zahlen durch Umkehrrechnen bestimmen.** Berechne die fehlenden Zahlen. a) ______ + 5678 = 9753 b) ______ − 1234 = 2851 c) 9618 − ______ = 6543 d) ______ : 15 = 277 e) ______ · 11 = 33 550 f) 9 · ______ = 27 855	

3 Verknüpfung der Grundrechenarten

Vorrangregeln für Terme

Kompetenzcheck

Ich kann …	Aufgabe	Ergebnis
… Terme mit Beachtung der Vorrangregeln berechnen.	**Aufgabe 1** Berechne. a) 67 − (18 + 7) = ________ b) 42 − 8 · 4 = ________ c) 5 · (20 − 8) − 10 = ________	→ S. 153
… Vorrangregeln beim Berechnen von Termen nennen.	**Aufgabe 2** Gib die Regeln an, die beim Berechnen des Terms angewendet werden. a) 58 − (12 + 9) = 58 − 21 = 37 ________ b) 49 + 19 − 21 = 68 − 21 = 47 ________ c) 25 + 72 : 6 = 25 + 12 = 37 ________ d) (18 + 12) − 4 · 3 = 30 − 4 · 3 = 30 − 12 = 18 ________	→ S. 153

Schritt-für-Schritt-Erklärung

Fachbegriffe

Ein **Term** ist ein **Rechenausdruck**. Er kann aus beliebig vielen Zahlen, Rechenarten und Klammern bestehen.
Das Ergebnis der Rechnung wird auch **Wert des Terms** genannt.
Die **Vorrangregeln** geben an, wie bzw. in welcher Reihenfolge ein Term berechnet werden muss.

Tipp: Schreibe beim Rechnen jeden Rechenschritt in eine neue Zeile und markiere deine Rechnung mit einer geschweiften Klammer.

Schritt-für-Schritt-Erklärung

So gehst du vor

Diese Vorrangregeln musst du können:

1. Was in **Klammern** steht, wird zuerst berechnet.
   Befindet sich in einem Term eine Klammer, muss man zuerst das, was in der Klammer steht, berechnen. Gibt es mehrere Klammern, musst du zuerst die innerste Klammer berechnen.

   Beispiele:

   $$58 - (20 \cdot 2) = 58 - 40 = 18$$
   Klammer zuerst

   $$3 + (7 - (6 - 4)) = 3 + (7 - 2) = 3 + 5 = 8$$
   innere Klammer zuerst
   äußere Klammer

2. **Punkt vor Strich**
   Addition (+) und Subtraktion (–) werden auch **Strichrechnung** genannt. Entsprechend nennt man Multiplikation (·) und Division (:) **Punktrechnungen**. Kommen in einem Term Punkt- und Strichrechnungen vor, gilt **Punkt vor Strich**, d. h. zuerst wird multipliziert oder dividiert, dann erst addiert oder subtrahiert.

   Beispiel:

   $$84 - 6 \cdot 9 = 84 - 54 = 30$$
   Punkt vor Strich

   Potenzen zählen zur Punktrechnung, da sie nur eine andere Schreibweise für eine Multiplikation sind.

3. **Von links nach rechts**
   Besteht ein Term ausschließlich aus Strichrechnungen oder nur aus Punktrechnungen, dann rechnet man **von links nach rechts**.

   Beispiele:

   $$45 + 56 - 78 = 101 - 78 = 23$$
   von links nach rechts

   $$42 : 7 \cdot 12 = 6 \cdot 12 = 72$$
   von links nach rechts

Als Kombination dieser drei Regeln erhältst du die allgemeine Vorrangregel **Klammer vor Punkt vor Strich**, kurz **KlaPS**.

Beispiel:

$$\begin{aligned} & (9 + 3 \cdot (13 - 8)) : 6 \\ = {} & (9 + 3 \cdot 5) : 6 \\ = {} & (9 + 15) : 6 \\ = {} & 24 : 6 \\ = {} & 4 \end{aligned}$$

innere Klammer zuerst
Punkt vor Strich in der Klammer
äußere Klammer

Übungsaufgaben

Aufgabe 1 ●○○

Berechne.

a) $8 \cdot (3 + 6)$
b) $72 - (35 - 13)$
c) $182 + (43 - 13)$
d) $56 : (32 - 28)$
e) $280 - (120 - (83 - 43))$
f) $(13 - 5) \cdot (11 + 2)$

Beachte die Klammerregel!

Aufgabe 2 ●○○

Berechne.

a) $3 \cdot 6 - 12$
b) $37 + 4 \cdot 2$
c) $21 + 4 \cdot 12$
d) $12 + 3 \cdot 4 - 5$
e) $95 - 45 : 3$
f) $12 \cdot 8 - 9 \cdot 4$

Beachte: Punkt vor Strich!

Aufgabe 3 ●○○

Berechne.

a) $4 \cdot 20 : 8$
b) $12 + 84 - 36$
c) $96 - 43 + 17$
d) $4 \cdot 5 \cdot 8 : 4$
e) $36 : 9 \cdot 15 : 3$
f) $45 + 56 - 67 + 78$

Beachte: links vor rechts!

Aufgabe 4 ●●○

Berechne.

a) $3 \cdot (15 - 2 \cdot 3)$
b) $96 : (12 + 4 \cdot 9)$
c) $14 \cdot 2 + (7 - 3) \cdot 4$
d) $(48 + 42) : (27 - 12)$
e) $45 : 3 + 25 \cdot 3$
f) $(18 + 4 \cdot (22 - 14)) + 33$

Beachte: KlaPS!

Aufgabe 5 ●●○

In die folgenden Rechnungen haben sich Fehler eingeschlichen. Finde die Fehler und berechne richtig.

a) $163 + 17 \cdot 7$
$= 180 \cdot 7$
$= 1260$

b) $4 \cdot (13 - 3 \cdot 3)$
$= 4 \cdot (13 - 9)$
$= 52 - 9$
$= 43$

c) $(6 \cdot 15 - 3 \cdot 4) : 3$
$= (6 \cdot 15 - 12) : 3$
$= (6 \cdot 3) : 3$
$= 6$

Aufgabe 6 ●●●

Ergänze die fehlenden Zahlen.

a) $4 \cdot (36 - \square) = 84$

b) $22 + 4 \cdot \square = 78$

c) $6 \cdot \square - 7 = 17$

d) $5 \cdot (8 - 2) \cdot \square = 240$

Aufgabe 7 ●●○

Bei diesen Aufgaben sind die Klammern vergessen worden. Setze Klammern so, dass das Ergebnis stimmt.

a) $3 \cdot 6 - 5 \cdot 2 = 8$

b) $3 \cdot 6 - 5 \cdot 2 = 6$

c) $15 \cdot 14 - 13 - 1 = 0$

Aufgabe 8 ●●●

Füge Klammern hinzu, so dass der Wert des Terms möglichst groß wird.

a) $4 + 6 \cdot 5 - 3$

b) $20 - 15 : 1 + 4$

c) $36 : 9 - 3 + 1$

Aufgabe 9 ●●●

Die Symbole ♣, ♥, ♠ und ♦ stehen in dieser Aufgabe für eine der Ziffern 1, 3, 4 oder 7. Welches Symbol steht für welche Ziffer?

(♣ − ♥) · ♠ − ♦ = ♥

♦ · ♣ − ♠ = ♥♦

♥♣ + ♣♠ = ♠♦

Terme in Wortform

Kompetenzcheck

Ich kann …	Aufgabe	Ergebnis
… Terme in Wortform als Rechenausdruck mit Zahlen schreiben.	**Aufgabe 1** Übertrage den Term in Wortform in einen Rechenausdruck mit Zahlen. a) Addiere zu 234 das Produkt der Zahlen 12 und 8. ____________________ b) Multipliziere die Summe von 15 und 7 mit der Differenz der Zahlen 36 und 27. ____________________	☺ 😐 ☹ → S. 153
… mit den Fachbegriffen der Grundrechenarten die einzelnen Elemente eines Terms erkennen.	**Aufgabe 2** Ergänze die Fachbegriffe Summe, Differenz, Produkt und Quotient in dem Rechenbaum. a) 124 − 13 · 8 124 13 8 [ ] 124 − 104 [ ] 20 Der Term ist also ein/e [ ]. b) 5 · (13 − 3 · 3) 5 13 3 3) [ ] 5 · (13 − 9) [ ] 5 · 4 [ ] 20 Der Term ist also ein/e [ ].	☺ 😐 ☹ → S. 154
… Terme in Wortform übersetzen.	**Aufgabe 3** Übersetze den Term in Wortform. a) 52 + (78 − 10) ____________________ b) (43 + 17) · (20 [illegible] 0) ____________________	☺ 😐 ☹ → S. 154

Schritt-für-Schritt-Erklärung

Fachbegriffe

Ein Term kann in verschiedenen Darstellungsformen gegeben sein:

- mit **Zahlen und Rechenzeichen** $(24 - 9) \cdot 8$
- als **Rechenbaum** $(24 - 9) \cdot 8$

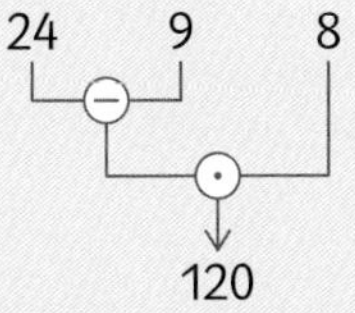

- in **Wortform**
  Dabei ist die Wortform wie eine mündliche Arbeitsanweisung, die dir z. B. der Lehrer im Unterricht gibt. — Multipliziere die Differenz von 24 und 9 mit 8.
  Der letzte Rechenschritt gibt an, um was für einen Term es sich handelt. — letzter Rechenschritt „·" Der Term ist also ein Produkt.

So gehst du vor

So kannst du einen Term als Rechenbaum darstellen:

1. Überlege, welche Rechenschritte du nacheinander durchführen musst.
2. Schreibe dann die Zahlen ohne Rechenzeichen und verbinde nacheinander immer zwei Zahlen mit einer Klammer und dem zugehörigen Rechenzeichen. Berechne Teilergebnisse.

$4 \cdot (9 + 6) - 10$

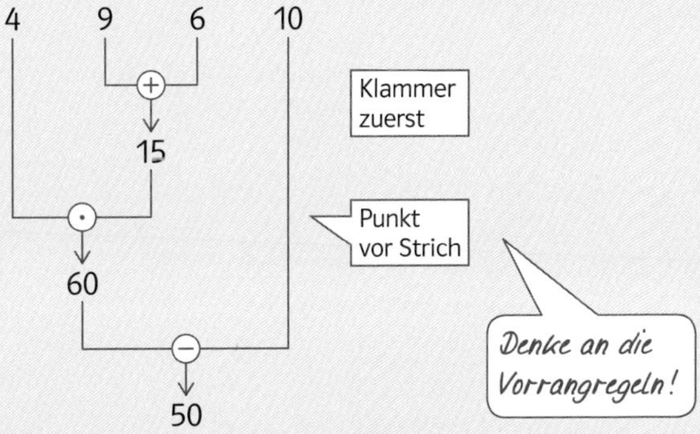

Die Rechenzeichen kannst du auch durch die Fachbegriffe Addition (+), Subtraktion (−), Multiplikation (·) und Division (:) ersetzen.

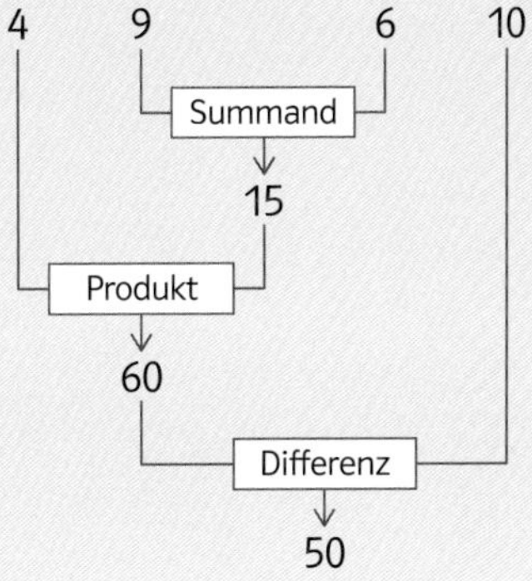

Schritt-für-Schritt-Erklärung

So gehst du vor

So kannst du Terme in Wortform in einen Rechenausdruck mit Zahlen übersetzen:

Subtrahiere von 54 das Produkt von 12 und 3.

1. Zerlege den Satz in einzelne Bestandteile bzw. Arbeitsschritte, also „addiere zu“, „subtrahiere von“, „multipliziere mit“ oder „dividiere durch“.

   Subtrahiere von 54: 54 –
   Produkt von 12 und 3: (12·3)

2. Schreibe die Arbeitsanweisungen mit Zahlen und Rechenzeichen. Beachte die Reihenfolge.
   Du kannst nichts falsch machen, wenn du um die Summe, die Differenz, das Produkt oder den Quotienten eine Klammer setzt.

   Term in Zahlform:
   54 – (12·3)

3. Setze den Term in Zahlform zusammen.

   54 – 12·3

> *Hier kannst du die Klammer wegen Punkt vor Strich auch weglassen!*

So gehst du vor

So kannst du einen Term in Wortform übersetzen:

(30 – 22)·13

1. Schreibe den Term als Rechenbaum. Die Teilergebnisse kannst du dabei weglassen.
   Lies dann der Term von unten nach oben.

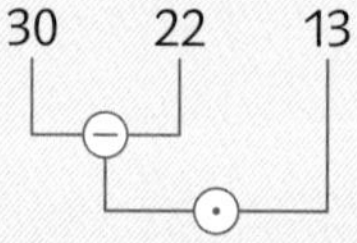

2. Der letzte Rechenschritt gibt (meist) die erste Arbeitsanweisung an.

   letzter Rechenschritt: ·
   Multipliziere … mit 13

3. Übersetze den vorletzten Rechenschritt mit den Fachbegriffen.

   vorletzter Schritt: 30 – 22
   Differenz von 30 und 22

4. Schreibe einen korrekten deutschen Satz.

   Term in Wortform:
   Multipliziere die Differenz von 30 und 22 mit 13.

Übungsaufgaben

Aufgabe 10 ●○○

Schreibe zu dem Rechenbaum einen Term.

a)
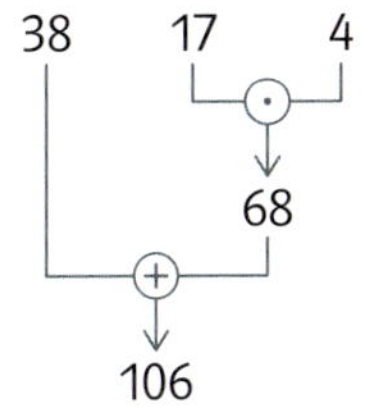

b)
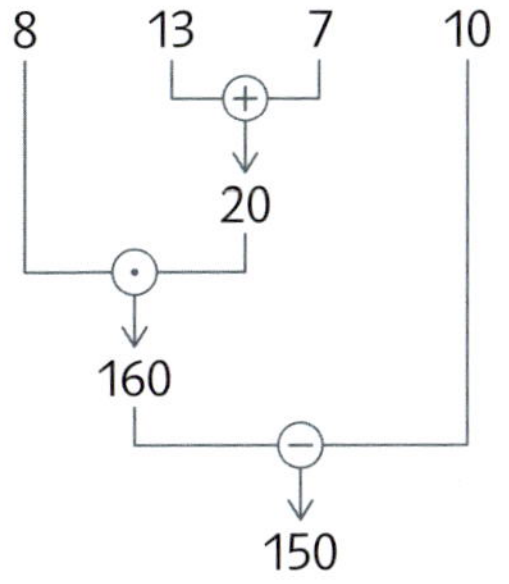

Achte auf mögliche Klammern!

Aufgabe 11 ●○○

Ergänze den Rechenbaum mit den richtigen Fachbegriffen und gib an, um was für einen Term es sich handelt.

a) $13 \cdot (20 - 7)$

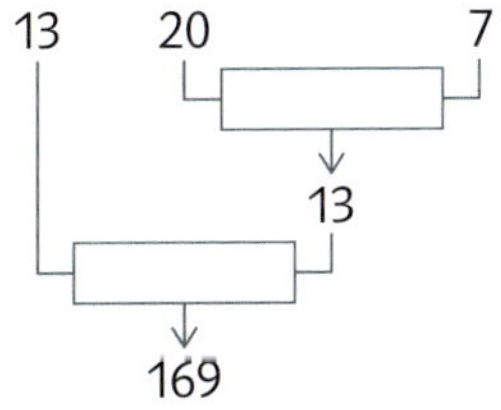

Term: ____________

b) $(15 + 5) \cdot 18$

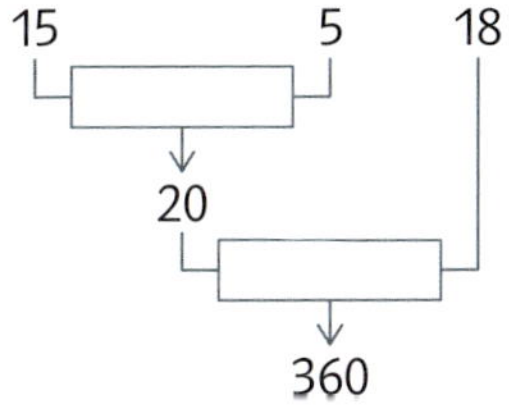

Term: ____________

c) $(35 + 25) : (18 - 6)$

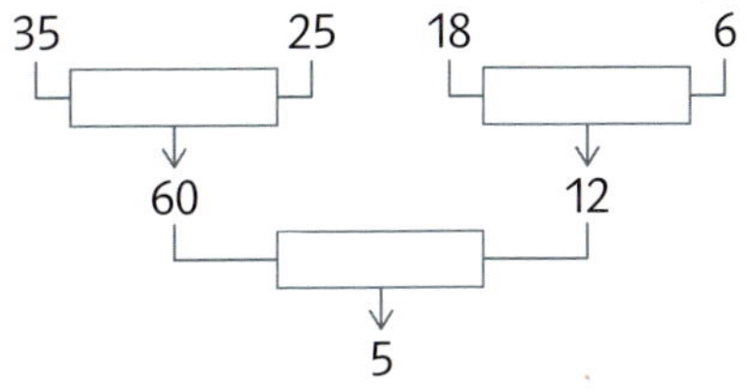

Term: ____________

Aufgabe 12 ●○○

Erstelle zu jedem Term einen vollständigen Rechenbaum.

a) $161 + 17 \cdot 7$

b) $64 : 4 - 11$

c) $(48 - 8) \cdot (27 - 7)$

Übungsaufgaben

Aufgabe 13 ●○○

Übersetze die Rechenausdrücke in Wortform in einen Term mit Zahlen und berechne dann den Wert des Terms.

a) Addiere zu 123 das Produkt von 12 und 3.

b) Subtrahiere 21 von der Summe von 38 und 29.

c) Multipliziere die Differenz von 35 und 25 mit 15.

d) Dividiere das Produkt von 15 und 5 durch 3.

e) Multipliziere die Differenz von 13 und 5 mit der Summe von 8 und 7.

f) Addiere zum Produkt von 14 und 2 das Produkt der Differenz von 7 und 3 mit 4.

Aufgabe 14 ●○○

Übersetze die Terme in Wortform.

a) $161 + 17 \cdot 7$

b) $64 : 4 - 21$

c) $(48 - 8) \cdot (27 - 7)$

d) $(4 + 6) \cdot 3 - 5$

Ausmultiplizieren und Ausklammern

Kompetenzcheck

Ich kann …	Aufgabe	Ergebnis
… Klammern ausmultiplizieren und damit Terme umformen.	**Aufgabe 1** Ergänze die Lücken. a) $5 \cdot (20 - 4) = 5 \cdot$ ☐ $- 5 \cdot$ ☐ b) $8 \cdot (30 + 5) =$ ☐ $\cdot 30 + 8 \cdot$ ☐ c) $6 \cdot 115 = 6 \cdot ($ ☐ $+$ ☐ $) = 6 \cdot$ ☐ $+$ ☐ $\cdot 15$	→ S. 154
… einen gemeinsamen Faktor ausklammern.	**Aufgabe 2** Klammere aus und ergänze die Lücken. a) $7 \cdot 12 + 7 \cdot 8 =$ ☐ (12 ☐ 8) b) $12 \cdot 28 - 12 \cdot 13 = 12 \cdot ($ ☐ $-$ ☐ $)$ c) $18 \cdot 5 - 5 \cdot 8 =$ ☐ $\cdot ($ ☐ $-$ ☐ $)$	→ S. 154

Schritt-für-Schritt-Erklärung

Fachbegriffe

Manche Terme kannst du mithilfe von Rechengesetzen so umformen, dass du sie leichter berechnen kannst. Solch ein Rechengesetz ist das **Distributivgesetz**. Es besteht aus dem **Ausmultiplizieren** und **Ausklammern**.

So gehst du vor

So kannst du ausmultiplizieren:

Terme der Form $a \cdot (b + c)$ kann man ausmultiplizieren, d.h. man **löst** vor dem Rechnen zuerst die Klammer auf und rechnet dann.

Es gilt: $a \cdot (b + c) = a \cdot b + a \cdot c$

und $a \cdot (b - c) = a \cdot b - a \cdot c$

a, b und c stehen hier für unterschiedliche Zahlen.

Beispiele:
Multipliziere aus und berechne.

$$15 \cdot (20 + 6) = 15 \cdot 20 + 15 \cdot 6 = 300 + 90 = 390$$

$$30 \cdot (20 - 8) = 30 \cdot 20 - 30 \cdot 8 = 600 - 240 = 360$$

Beachte:
Du kannst auch ausmultiplizieren, wenn der einzelne Faktor hinter der Summe bzw. Differenz steht.

Beispiele:

$$(15 + 10) \cdot 11 = 15 \cdot 11 + 10 \cdot 11 = 165 + 110 = 275$$

$$(15 + 10) \cdot 11 = 11 \cdot (15 + 10) = 11 \cdot 15 + 11 \cdot 10 = 165 + 110 = 275$$

Beim Kopfrechnen hast du das Distributivgesetz schon angewendet – bei der Multiplikation mit einer mehrstelligen Zahl.

1. Dabei zerlegst du zuerst einen Faktor in seine Stufenzahlen.
2. Dann multiplizierst du den ersten Faktor jeweils mit den Stufenzahlen.
3. Zum Schluss addierst du die Teilergebnisse.

$8 \cdot 85$

$= 8 \cdot (80 + 5)$ zerlegen

$= 8 \cdot 80 + 8 \cdot 5$ ausmultiplizieren

$= 640 + 40$ berechnen

$= 680$

Diese 3 Schritte kannst du mithilfe des Distributivgesetzes kurz aufschreiben.

Schritt-für-Schritt-Erklärung

So gehst du vor

So kannst du ausklammern:

Ausklammern ist die Umkehrung von Ausmultiplizieren.
Ist ein Term eine Summe bzw. Differenz von zwei Produkten und steht in **beiden Produkten derselbe Faktor**, dann kann **dieser Faktor ausgeklammert werden**.

Es gilt: $a \cdot b + a \cdot c = a \cdot (b + c)$
und $a \cdot b - a \cdot c = a \cdot (b - c)$

Multipliziere direkt aus oder vertausche die Faktoren.

Beachte:
Du kannst auch ausklammern, wenn der gemeinsame Faktor einmal der 1. und das andere Mal der 2. Faktor ist.

Beispiele:
Klammere aus und berechne.

$12 \cdot 23 + 12 \cdot 7$
$= 12 \cdot (23 + 7)$ gemeinsamen Faktor
$= 12 \cdot 30$ markieren und ausklammern
$= 360$

$15 \cdot 28 - 8 \cdot 15$
$= 15 \cdot (28 - 8)$ gemeinsamen Faktor
$= 15 \cdot 20$ markieren und ausklammern
$= 300$

Übungsaufgaben

Aufgabe 15 ●○○

Multipliziere aus und berechne dann den Wert des Terms. Ergänze zuerst die fehlenden Zahlen und Rechenzeichen.

a) $17 \cdot (20 - 1)$

=	17	·	20		17	·	1		
=				−					
=									

b) $35 \cdot (10 + 2)$

=	35	·			+	35	·		
=					+				
=									

c) $9 \cdot (30 + 7)$

=		·	30		+			·	
=								63	
=									

d) $(30 + 8) \cdot 12$

=		·	12				8	·	
=									
=									

Aufgabe 16 ●○○

Multipliziere aus und berechne dann den Wert des Terms.

a) $11 \cdot (10 + 6) =$ ______________________

b) $15 \cdot (20 - 4) =$ ______________________

c) $9 \cdot (60 + 7) =$ ______________________

d) $(40 + 9) \cdot 4 =$ ______________________

e) $(30 - 12) \cdot 5 =$ ______________________

f) $(20 - 3) \cdot 12 =$ ______________________

Aufgabe 17 ●○○

Berechne die Produkte im Kopf. Zerlege dazu einen Faktor in seine Stufenzahlen und multipliziere dann aus. Entscheide selbst, ob du addieren oder subtrahieren möchtest.

„Im Kopf" heißt nicht schriftlich. Du darfst aber natürlich den Term und Umformungen aufschreiben.

a) $23 \cdot 21 =$ ______________________

b) $18 \cdot 19 =$ ______________________

c) $17 \cdot 32 =$ ______________________

d) $25 \cdot 12 =$ ______________________

e) $12 \cdot 28 =$ ______________________

f) $14 \cdot 18 =$ ______________________

Aufgabe 18 ●○○

Klammere aus und berechne den Wert des Terms.
Ergänze zuerst die fehlenden Zahlen und Rechenzeichen.

> *Denke an die Multiplikation mit Nullen.*

a) $17 \cdot 18 + 17 \cdot 12$

=	1	7				(1	8		1	2)
=	1	7								
=										

b) $15 \cdot 23 + 15 \cdot 13$

=			·	(2	3	−		)	
=			·						
=									

c) $12 \cdot 33 - 3 \cdot 12$

=			·	(3	3	−		)		
=			·							
=										

d) $25 \cdot 7 + 7 \cdot 15$

=			·		(		+	1	5)
=									
=									

Aufgabe 19 ●○○

Klammere aus und berechne den Wert des Terms.

a) $16 \cdot 28 - 16 \cdot 8$

b) $25 \cdot 18 + 25 \cdot 22$

c) $12 \cdot 32 - 12 \cdot 12$

d) $5 \cdot 18 + 42 \cdot 5$

Abschlusskompetenzcheck

	Ich kann …	✓

1 **… die Vorfahrtsregeln und damit den Wert von Termen berechnen.**
Berechne den Wert der Terme.

a) $57 + 13 \cdot 3 =$ ______

b) $256 - 50 \cdot 3 =$ ______

c) $(30 - 16) \cdot (63 : 9) =$ ______

d) $24 \cdot 3 + (21 - 12) \cdot 4 =$ ______

2 **… die Vorfahrtsregeln und damit den Wert von Termen berechnen.**
Ist der Wert des Terms richtig berechnet? Kreuze an. Falls nicht, berechne den Wert des Terms richtig.

Term	ja	nein	richtiger Wert
$152 - 12 \cdot 6 = 80$	☐	☐	
$45 + 90 : 5 = 27$	☐	☐	
$5 + (90 - 30 \cdot 3) = 185$	☐	☐	
$36 - 15 : 3 + 4 = 11$	☐	☐	
$36 : 9 + 2 \cdot 15 = 34$	☐	☐	

3 **… die Elemente eines Terms erkennen.**
Ergänze die Fachbegriffe im Rechenbaum und berechne den Wert des Terms.

Produkt   Quotient   Differenz   Summe

a) $(8 + 64) : 8$

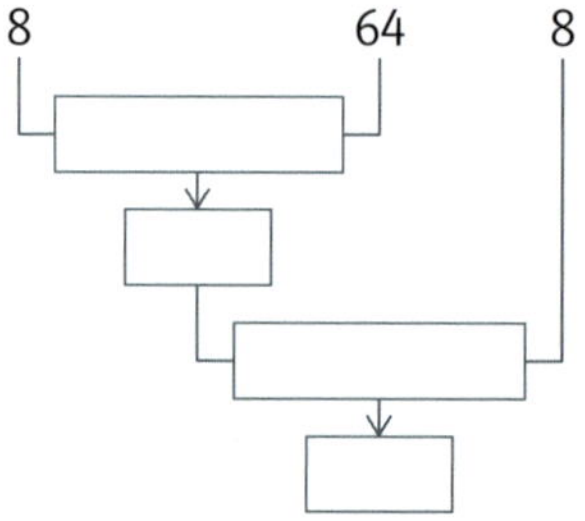

b) $(53 + 17) \cdot (45 : 15)$

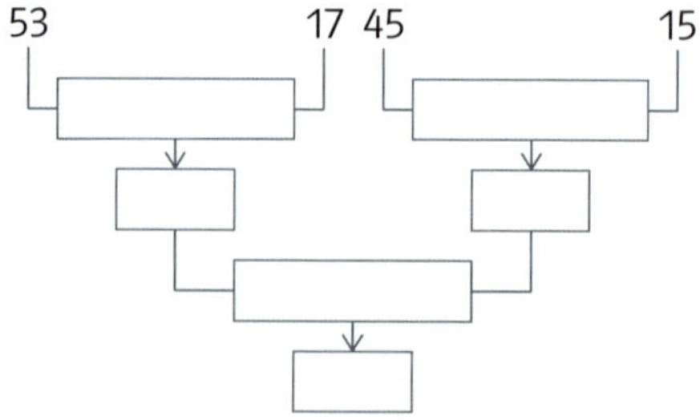

Ich kann … ✓

4 **… die verschiedenen Darstellungsformen eines Terms ineinander umwandeln.**
Schreibe zu dem Rechenbaum einen Term und berechne den Wert des Terms.

a)
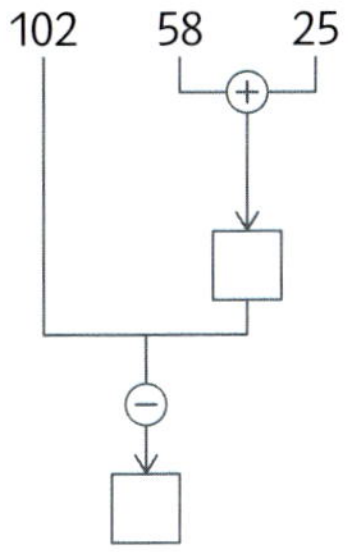

Term: ____________

b)
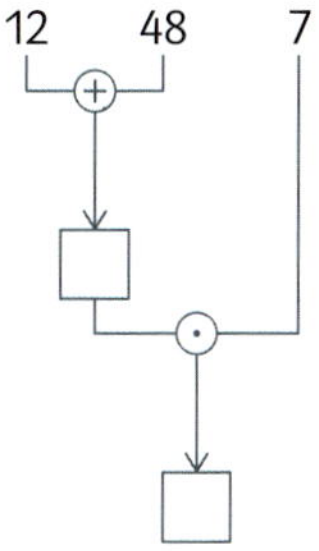

Term: ____________

5 **… die verschiedenen Darstellungsformen eines Terms ineinander umwandeln.**
Erstelle zu jedem Term einen Rechenbaum und berechne den Wert des Terms.

a) $25 - 5 + 18 \cdot 3$
Rechenbaum:

Wert des Terms:

____

b) $5 \cdot (22 - 7) + 15$
Rechenbaum:

Wert des Terms:

____

	Ich kann ...	✓
6	**... die verschiedenen Darstellungsformen eines Terms ineinander umwandeln.** Übersetze die Rechenausdrücke in Wortform in einen Term in Zahlform. a) Addiere zum Produkt von 12 und 9 die Zahl 57. ______________________ *Hier brauchst du den Wert des Terms nicht berechnen!* b) Dividiere die Differenz von 158 und 77 durch 9. ______________________ c) Multipliziere die Summe von 11 und 9 mit der Differenz von 47 und 19. ______________________ d) Subtrahiere vom Produkt von 5 und der Summe von 12 und 6 den Quotienten von 45 und 3. ______________________	
7	**... die verschiedenen Darstellungsformen eines Terms ineinander umwandeln.** Übersetze die Terme in Wortform. a) $6 \cdot (12 + 38)$ ______________________ ______________________ b) $88 - (27 + 23)$ ______________________ ______________________ c) $(42 - 37) \cdot (40 : 5)$ ______________________ ______________________	

	Ich kann ...	✓
8	**... ausmultiplizieren.** Multipliziere aus. a) $3 \cdot (60 - 3) =$ ______ b) $12 \cdot (20 + 2) =$ ______ c) $(50 + 4) \cdot 11 =$ ______ d) $(20 - 3) \cdot 14 =$ ______	
9	**... ausklammern.** Klammere aus und berechne. a) $118 \cdot 17 + 18 \cdot 3$ b) $15 \cdot 23 - 15 \cdot 3$ c) $24 \cdot 9 + 9 \cdot 6$ d) $12 \cdot 11 + 8 \cdot 11$	

4 Ganze Zahlen

Vergleichen und Anordnen

Kompetenzcheck

<table>
<tr><th>Ich kann …</th><th>Aufgabe</th><th>Ergebnis</th></tr>
<tr><td>… ganze Zahlen am Zahlenstrahl ablesen und eintragen.</td><td>Aufgabe 1
a) Lies die markierten Zahlen ab.
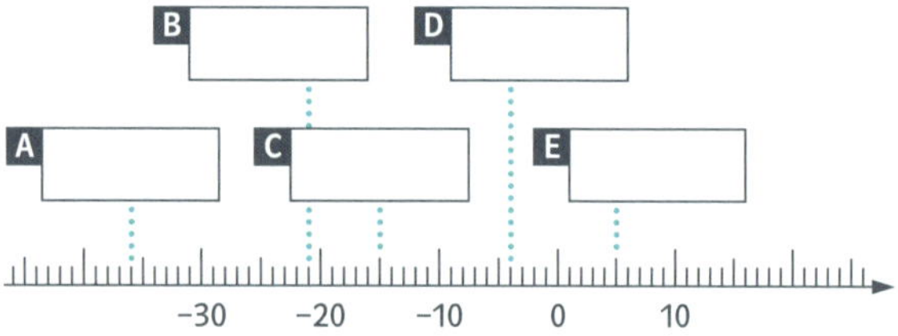

b) Trage die Zahlen auf dem Zahlenstrahl ab.
A: −1, B: 4, C: −6, D: −9, E: −13

</td><td>→ S. 163</td></tr>
<tr><td>… ganze Zahlen anordnen und vergleichen.</td><td>Aufgabe 2
a) Vergleiche die Zahlen und setze <, = oder > ein.
−5 ___ −8   −19 ___ 20
0 ___ −7 |10| ___ −10
b) Ordne die Zahlen von der kleinsten zur größten Zahl. Beginne mit der kleinsten Zahl und benutze das <-Zeichen.
12, 0, −25, 38, −39, −41, 6, −12
______________________</td><td>→ S. 163</td></tr>
</table>

Schritt-für-Schritt-Erklärung

Fachbegriffe

Die Zahlen 0, 1, 2, 3, 4, 5, … heißen **natürliche Zahlen**. Das mathematische Zeichen für die natürlichen Zahlen ist **ℕ**.

Zählst du auf dem Zahlenstrahl von 0 aus gesehen nach links weiter, erhältst du die **negativen Zahlen**
−1, −2, −3, −4, −5, …
Diese negativen Zahlen haben alle ein ⊖ als **Vorzeichen**.
Vor die positiven Zahlen kann man zur besseren Unterscheidung ein ⊕ als Vorzeichen schreiben oder es weglassen. Es ist +5 = 5.

Eine negative Zahl besteht also immer aus einem Vorzeichen (−) und einer Zahl!

Negative Zahlen kennst du von Temperaturen oder Aufzügen.

Die negativen und natürlichen Zahlen zusammen heißen **ganze Zahlen**. Ihr mathematisches Zeichen ist **ℤ**.

Den **Abstand** einer ganzen Zahl zur Null nennt man auch **Betrag** der Zahl.
Der Betrag ist immer eine **positive** Zahl.
Dafür schreibt man |−5| und liest: Betrag von −5.

Es gilt: |−5| = |5| = 5, da −5 und 5 den gleichen Abstand von 0 haben.

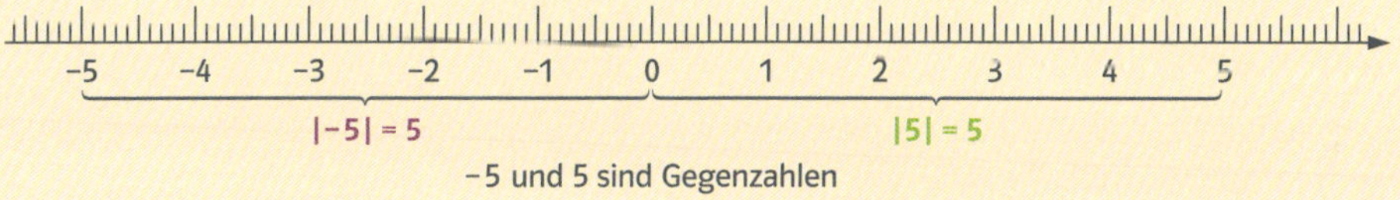

Zwei Zahlen, die gleich weit von 0 entfernt sind, heißen **Gegenzahlen**.

0 hat den Betrag 0 und keine Gegenzahl.

Schritt-für-Schritt-Erklärung

So gehst du vor

So kannst du ganze Zahlen anordnen und vergleichen:

Die Zahl, die auf der Zahlengeraden weiter **rechts** liegt, ist die **größere** Zahl.
Oder andersherum:
Die Zahl, die auf der Zahlengeraden weiter **links** liegt, ist die **kleinere** Zahl.

Hier gilt das Gleiche wie bei den natürlichen Zahlen.

Zur Veranschaulichung:

Daraus kannst du für das Vergleichen von zwei ganzen Zahlen folgende Regeln ableiten:

Stelle dir dabei immer den Zahlenstrahl vor.

Beispiele:

- Beide Zahlen sind **positiv** (⊕):
  Die Zahl ist größer, die **weiter** von 0 weg ist, die also den **größten Betrag** hat. — $54 > 42$

Merke es dir so: –17° ist kälter als –1°.

- beide Zahlen sind **negativ** (⊖):
  Die Zahl ist größer, die näher an 0 ist, die also den **kleinsten Betrag** hat. — $-20 < -5$; $-17 < -1$
- Eine Zahl ist positiv (⊕), eine Zahl ist negativ (⊖):
  Es ist immer die positive Zahl ⊕ **größer**. — $-15 < 20$; $3 > -18$

Tipp:
Musst du mehrere Zahlen vergleichen oder der Größe nach anordnen, sortiere
1. nur die negativen Zahlen,
2. nur die positiven Zahlen
und füge sie dann zusammen.

Übungsaufgaben

Aufgabe 1 ●○○

Lies die markierten Zahlen ab.

a)

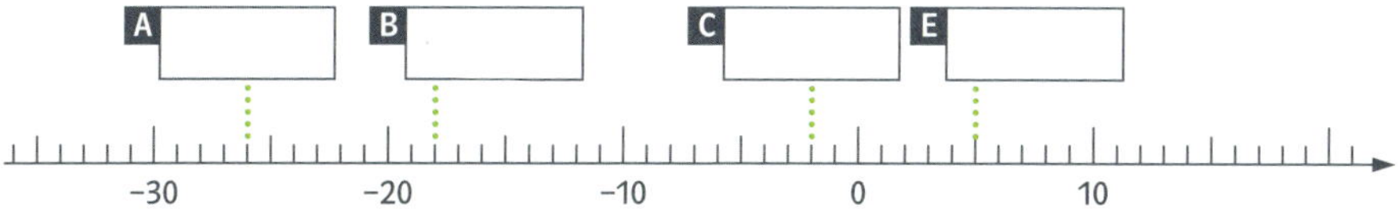

b)

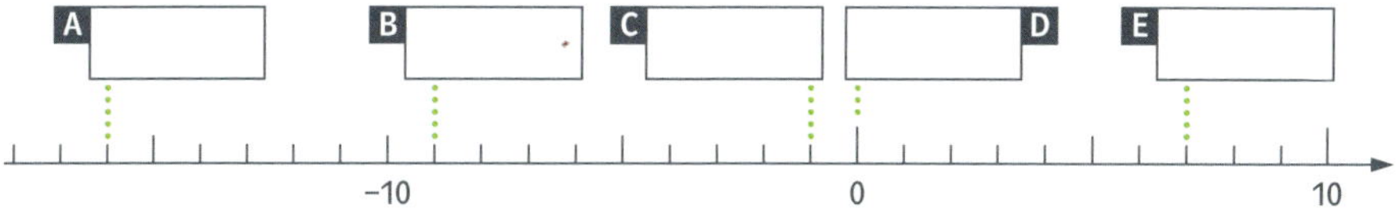

Aufgabe 2 ●●○

Betrachte den Zahlenstrahl. Sind die Aussagen richtig oder falsch? Kreuze an.

	richtig	falsch
a < b	☐	☐
|a| < b	☐	☐
c > a	☐	☐
b < c	☐	☐
|a| > |c|	☐	☐
|b| = |c|	☐	☐

Aufgabe 3 ●○○

Vergleiche. Setze <, = oder > ein.

a) -5 ☐ -10

b) -18 ☐ -8

c) 0 ☐ -3

d) 5 ☐ -1

e) $|-13|$ ☐ 10

f) $|-9|$ ☐ 9

g) -7 ☐ $|2|$

h) $|-10|$ ☐ 9

i) $|4|$ ☐ $|-4|$

Übungsaufgaben

Aufgabe 4 ●○○

Welche Zahlen kann man für ▒ einsetzen? Gib jeweils drei Zahlen an.

a) $-5 <$ ▒ < 1 ____________

b) $-4 <$ ▒ < 0 ____________

c) $-18 <$ ▒ < -12 ____________

Aufgabe 5 ●○○

Ordne die Zahlen der Größe nach. Beginne mit der kleinsten Zahl.

a) 35 0 −7 105 11 −25 −24 −12

____

b) −32 17 |−2| −3 −4 1 |−3| 24

____

Aufgabe 6 ●●○

Sind die folgenden Aussagen wahr oder falsch? Kreuze an.

	wahr	falsch
Alle negativen Zahlen haben einen positiven Betrag.	☐	☐
Eine natürliche Zahl ist immer größer als eine negative Zahl.	☐	☐
Jede ganze Zahl hat eine Gegenzahl.	☐	☐
Es gibt keine zweistellige Zahl, die kleiner als −10 ist.	☐	☐
Zu jeder ganzen Zahl gibt es immer eine Zahl mit einem kleineren Betrag.	☐	☐

Addieren und Subtrahieren

Kompetenzcheck

Ich kann …	Aufgabe	Ergebnis
… Addition und Subtraktion von ganzen Zahlen durch Pfeildiagramme darstellen.	**Aufgabe 1** Ergänze die fehlenden Zahlen und Pfeilspitzen. a) 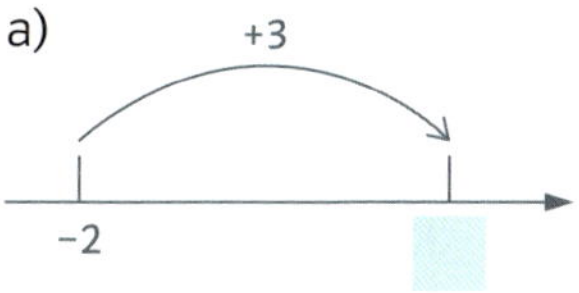 b) 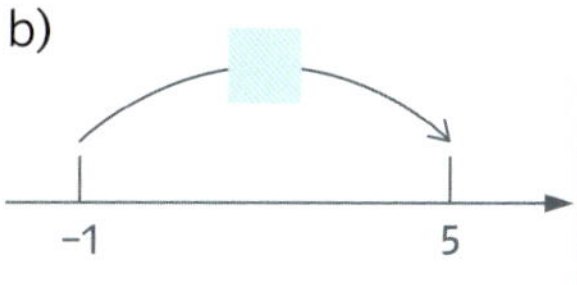 c) 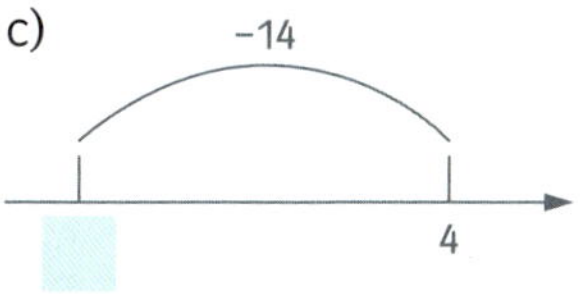 d) 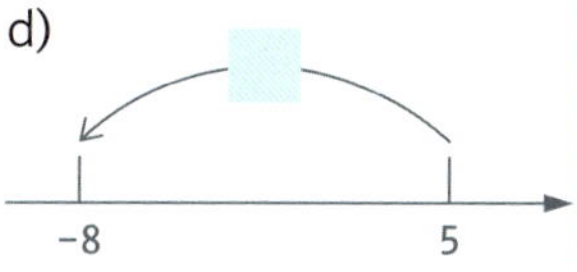	→ S. 163
… ganze Zahlen addieren und subtrahieren.	**Aufgabe 2** Berechne. a) −10 + 8 = ☐ b) 15 − 20 = ☐ c) −13 − 12 = ☐ d) −15 + 21 = ☐	→ S. 163
… Addition und Subtraktion von ganzen Zahlen vereinfacht schreiben und damit einfacher berechnen.	**Aufgabe 3** a) Max vereinfacht die Aufgaben. Vereinfacht er richtig? Kreuze an. Wenn die Rechnung falsch ist, vereinfache die Rechnung richtig.	→ S. 164

	ja	nein	richtige Rechnung
−25 + (+32) = −25 + 32	☐	☐	
34 + (−19) = −34 + 19	☐	☐	
−30 − (+15) = −30 − 15	☐	☐	
−13 − (−17) = −13 − 17	☐	☐	

b) Berechne die fehlende Zahl.

−20 + ☐ = 15   −17 + ☐ = −30

8 + ☐ = −20   −5 − ☐ = 10

Schritt-für-Schritt-Erklärung

So gehst du vor

So kannst du ganze Zahlen addieren und subtrahieren:

Grundlage ist immer die Addition und Subtraktion von positiven Zahlen.

Addition und Subtraktion einer positiven Zahl

Man **addiert** eine positive Zahl, indem man auf dem Zahlenstrahl **nach rechts** geht.

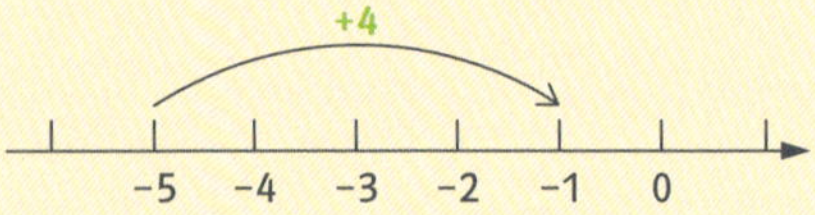

$-5 \oplus 4 = -1$
„schaue nach rechts“
„gehe 4 weiter“
Zähle also von −5 aus 4 weiter.
Statt +4 kann man +(+4) schreiben.

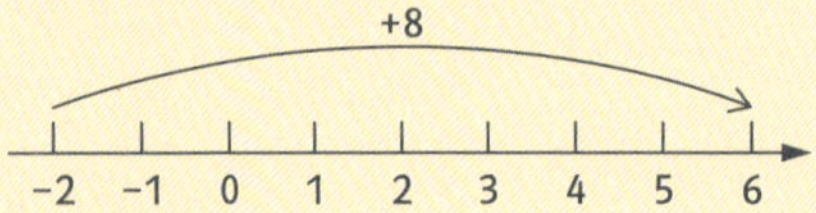

$-2 \oplus (+8) = 6$

Man **subtrahiert** eine positive Zahl, indem man auf dem Zahlenstrahl in entgegengesetzte Richtung **nach links** geht.

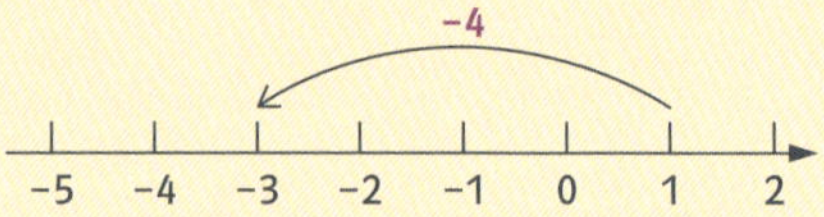

$1 \ominus 4 = -3$
„schaue nach links“
„gehe 4 weiter“
Zähle also von 1 aus 4 zurück.
Statt −4 kann man auch −(+4) schreiben.

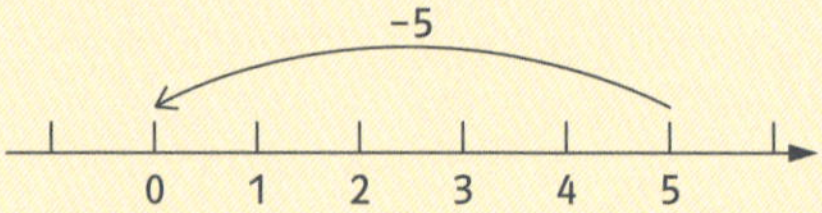

$5 \ominus (15) = 0$

So gehst du vor

Addition und Subtraktion einer negativen Zahl

Man **addiert** eine **negative** Zahl, indem man auf dem Zahlenstrahl in **negative** Richtung, also **nach links** geht.

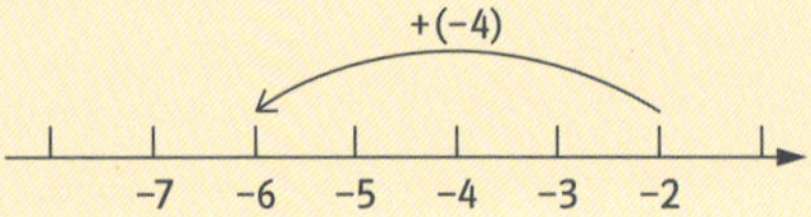

$-2 \oplus (-4) = -6$
„schaue nach rechts“
„gehe 4 zurück“
Zähle also von −2 aus 4 zurück

Man **subtrahiert** eine **negative** Zahl, indem man auf dem Zahlenstrahl in die entgegengesetzte Richtung, also in **positive** Richtung **nach rechts** geht.

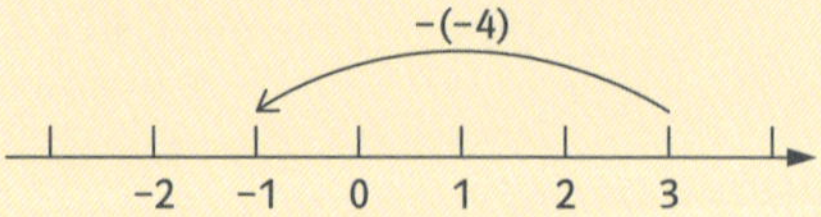

$-1 \ominus (-4) = 3$
„schaue nach links“
„gehe 4 zurück“
Zähle also von −1 aus 4 weiter.

> *Um die zweite Zahl mit dem Vorzeichen musst du eine Klammer schreiben, da nicht zwei Rechenzeichen direkt aufeinander treffen dürfen.*

Schritt-für-Schritt-Erklärung

So gehst du vor

So kannst du Addition und Subtraktion von ganzen Zahlen vereinfacht schreiben:

Wie du bei den Pfeildiagrammen erkennen kannst, gibt es zwei Richtungen, in die man gehen kann: **nach rechts** und **nach links**:

+(+4) bedeutet das gleiche wie −(−4), nämlich +4.
+(−4) bedeutet das gleiche wie −(+4), nämlich −4.

Deshalb kannst du Rechnungen verkürzt schreiben:

5 + (+6) = 5 + 6	Aus ⊕ (⊕…) wird ⊕
5 − (−6) = 5 + 6	Aus ⊖ (⊖…) wird ⊕
5 − (+6) = 5 − 6	Aus ⊖ (⊕…) wird ⊖
5 + (−6) = 5 − 6	Aus ⊕ (⊖…) wird ⊖

Beispiele:

a) −7 + (+13) = −7 + 13
b) −20 + (−15) = −20 − 15
c) −25 − (−15) = −25 + 15

Tipps

Folgende Tipps können dir beim Rechnen helfen:

Aufgabenart	Tipp
Beide Zahlen haben das **gleiche** Vorzeichen bzw. Rechenzeichen: ⊖5 ⊖12	Addiere beide Zahlen und schreibe das gemeinsame Zeichen vor das Ergebnis. Rechne: 5 + 12 = 17, also ⊖5 ⊖12 = ⊖17
Beide Zahlen haben ein **unterschiedliches** Vorzeichen bzw. Rechenzeichen: ⊖7 ⊕13 5 ⊖ 20 ⊖30 + 18	Lass zum Rechnen die Zeichen weg. Subtrahiere die kleinere Zahl von der größeren Zahl. Schreibe vor das Ergebnis das Zeichen der größeren Zahl. Rechne: 13 − 7 = 6 Ergebnis: ⊖7 ⊕ 13 = ⊕13 = 13 Rechne: 20 − 5 = 15 Ergebnis: 5 ⊖ 20 = ⊖15 Rechne: 30 − 18 = 12 Ergebnis: ⊖30 + 18 = ⊖12

Kurz: ⊖⊖ oder ⊕⊕

das ⊕ vor einer Zahl kann man weglassen.

Kurz: ⊖⊕

Übungsaufgaben

Aufgabe 7 ●○○

Veranschauliche die Rechnungen in einem Pfeildiagramm.

a) $-5 + (-13)$ b) $13 - (+7)$ c) $-4 - (-5)$
d) $-2 + (+10)$ e) $5 + (-10)$

Aufgabe 8 ●○○

Ergänze die Pfeilspitzen und die fehlenden Zahlen.

a)

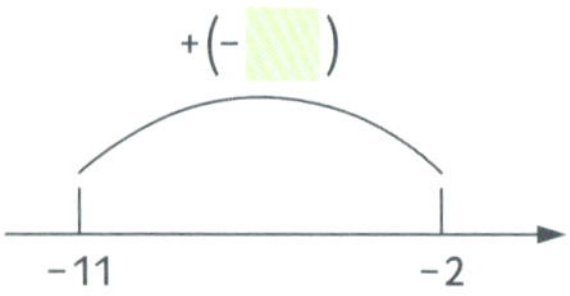

b)

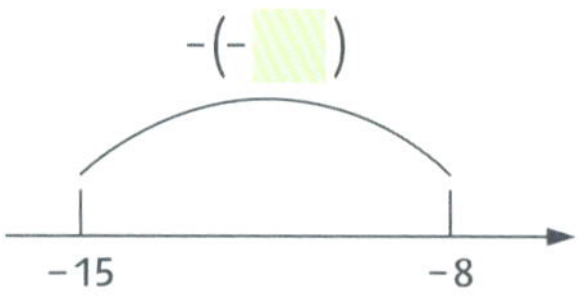

Aufgabe 9 ●○○

Übersetze das Pfeildiagramm in eine Rechnung und bereche die fehlende Zahl.

a)

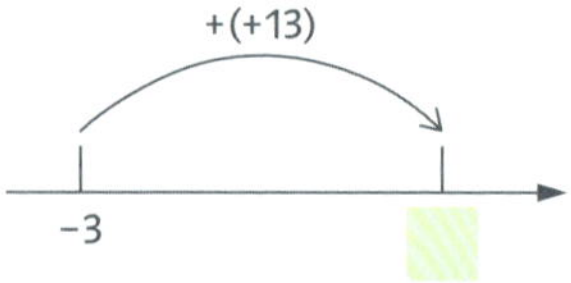

b)

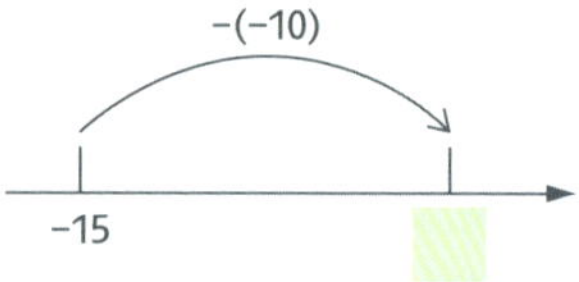

c)

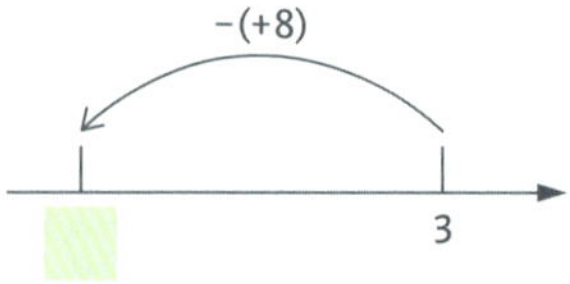

d)

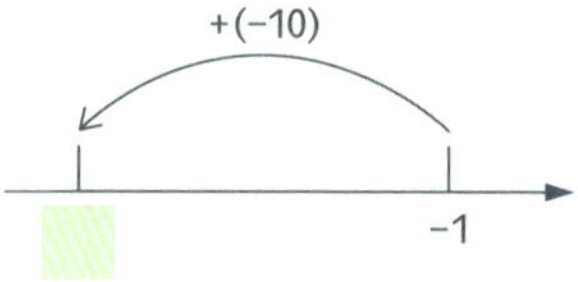

Aufgabe 10 ●○○

Berechne im Kopf.

a) $-5 + 8 =$ ______   b) $27 - 43 =$ ______
c) $-25 - 13 =$ ______   d) $64 + 27 =$ ______
e) $12 - 128 =$ ______   f) $-43 - 88 =$ ______
g) $-121 + 77 =$ ______   h) $43 - 97 =$ ______

Hier musst du im Kopfrechnen fit sein!

Aufgabe 11 ●○○

Schreibe in der vereinfachten Schreibweise und berechne dann.

a) $-35 + (+28) =$ ______

b) $14 - (+19) =$ ______

c) $-20 + (-35) =$ ______

d) $-7 - (-12) =$ ______

Aufgabe 12 ●○○

Ergänze die fehlenden Zahlen.

Rechne rückwärts.

a) $-25 - \square = -30$

b) $-15 - \square = -5$

c) $16 + \square = 11$

d) $4 - \square = 12$

e) $\square - 8 = -17$

f) $\square - 21 = -4$

g) $\square - (-30) = 18$

h) $\square + (-25) = -50$

i) $\square - (+27) = 10$

Multiplizieren und Dividieren

Kompetenzcheck

Ich kann ... | **Aufgabe** | **Ergebnis**

... die Vorzeichenregeln anwenden und entscheiden, ob das Ergebnis einer Multiplikation oder Division positiv oder negativ ist.

Aufgabe 1

Kreuze an, ob das Ergebnis positiv oder negativ ist.

	positiv	negativ
$15 \cdot (-7)$	☐	☐
$-13 \cdot 11$	☐	☐
$-96 : (-12)$	☐	☐
$-6 \cdot 12 \cdot (-5)$	☐	☐
$(-5) \cdot (-18) : (-3)$	☐	☐

→ S. 164

... ganze Zahlen multiplizieren und dividieren.

Aufgabe 2

Berechne.

a) $13 \cdot (-6) =$ ___

b) $-12 \cdot 7 =$ ___

c) $-15 \cdot (-8) =$ ___

d) $-55 : 11 =$ ___

e) $-117 : (-9) =$ ___

→ S. 164

Aufgabe 3

Berechne die fehlende Zahl.

a) ___ $: (-9) = 13$

b) ___ $\cdot (-15) = 105$

c) $-60 :$ ___ $= -15$

→ S. 164

Schritt-für-Schritt-Erklärung

So gehst du vor

Vorzeichenregeln für die Multiplikation von ganzen Zahlen

Für die **Multiplikation** von zwei ganzen Zahlen gilt:

- Das Produkt aus zwei **positiven** Zahlen ist **positiv**.
  kurz: ⊕ mal ⊕ ist ⊕

  Beispiele:
  15 · 7 = 105 +9 · (+11) = 9 · 11 = 99

- Das Produkt aus zwei **negativen** Zahlen ist positiv.
  kurz: ⊖ mal ⊖ ist ⊕

  Beispiele:
  −15 · (−7) = 105 −9 · (−11) = −99

- Das Produkt aus einer **positiven** und einer **negativen** Zahl ist **negativ**.
  kurz: ⊕ mal ⊖ ist ⊖ und ⊖ mal ⊕ ist ⊖

  Beispiele:
  −15 · 7 = −105 9 · (−11) = 99

Merke:

·	⊕	⊖
⊕	⊕	⊖
⊖	⊖	⊕

So gehst du vor

Vorzeichenregeln für die Division von ganzen Zahlen

Für die **Division** von zwei ganzen Zahlen gilt:

- Der Quotient aus zwei **positiven** Zahlen ist **positiv**.
  kurz: ⊕ geteilt durch ⊕ ist ⊕

  Beispiele:
  128 : 8 = 16 +132 : (+12) = 11

- Der Quotient aus zwei **negativen** Zahlen ist positiv.
  kurz: ⊖ geteilt durch ⊖ ist ⊕

  Beispiele:
  −128 : (−8) = 16 −132 : (−12) = 11

- Der Quotient aus einer **positiven** und einer **negativen** Zahl ist **negativ**.
  kurz: ⊕ geteilt durch ⊖ ist ⊖ und ⊖ geteilt durch ⊕ ist ⊖

  Beispiele:
  −128 : 8 = −16 132 : (−12) = −11

Merke:

:	⊕	⊖
⊕	⊕	⊖
⊖	⊖	⊕

Schritt-für-Schritt-Erklärung

So gehst du vor

Für die Multiplikation bzw. Division (Punktrechnung) von ganzen Zahlen gilt:
Zähle die Anzahl der **negativen Vorzeichen** (⊖).
Ist die Anzahl **ungerade**, ist das Ergebnis **negativ**.
Ist die Anzahl **gerade**, ist das Ergebnis **positiv**.

Achte darauf, dass in der Rechnung nur Punktrechnungen vorkommen.

Beispiele:

a) $-4 \cdot 5 \cdot (-6) = 120$ — **Zwei** negative Vorzeichen, → das Ergebnis **positiv**.

b) $55 : (-11) \cdot 12 = -60$ — **Ein** negatives Vorzeichen, → das Ergebnis **negativ**.

c) $(-2) \cdot 3 \cdot (-4) \cdot (-5) = -120$ — **Drei** negative Vorzeichen, → das Ergebnis **negativ**.

So gehst du vor

So kannst du geschickt ganze Zahlen multiplizieren und dividieren:

1. Bestimme zuerst mit den Vorzeichenregeln das Vorzeichen des Ergebnisses.
2. Rechne **ohne** Vorzeichen.
3. Schreibe vor das Ergebnis das richtige Vorzeichen.

Berechne $15 \cdot (-12)$.
⊕ mal ⊖ (oder **ein** ⊖), das Ergebnis ist ⊖.
Rechne: $15 \cdot 12$
$= 15 \cdot 10 + 15 \cdot 2$
$= 150 + 30 = 180$
Ergebnis: $15 \cdot (-12) = -180$

Hier musst du die Rechenregeln für natürliche Zahlen beherrschen (siehe Kap. 3).

So gehst du vor

So kannst du fehlende Zahlen berechnen:

Forme die Rechnung durch Umkehrrechnung bzw. Rückwärtsrechnen so um, dass du die fehlende Zahl direkt berechnen kannst.
Wichtig ist, dass du das **Vorzeichen** beachtest und **nicht vergisst**!

Denke daran: Umkehren heißt auch immer Rechenzeichen umkehren!

Berechne die fehlende Zahl.

a) $-16 \cdot \square = 102$
vertauschen
$\square \cdot (-16) = 102$
umkehren
$102 : (-16) = \square$
$102 : (-16) = -7$; also $\square = -7$

b) $56 : \square = -8$
umkehren
$-8 \cdot \square = 56$
vertauschen
$\square \cdot (-8) = 56$
umkehren
$56 : (-8) = \square$
$56 : (-8) = -7$; also $\square = -7$

Übungsaufgaben

Aufgabe 13 ●○○

Welches Vorzeichen hat das Ergebnis? Kreuze an und berechne dann.

	Ergebnis positiv	Ergebnis negativ	Ergebnis
$15 \cdot (-9)$	☐	☐	
$-11 \cdot 6$	☐	☐	
$-13 \cdot (-14)$	☐	☐	
$180 : (-15)$	☐	☐	
$-144 : (-9)$	☐	☐	
$4 \cdot (-5) \cdot (-6)$	☐	☐	
$-120 : (-12) \cdot (-8)$	☐	☐	

Aufgabe 14 ●○○

Berechne.

a) $18 \cdot (-11)$
b) $-12 \cdot 8$
c) $-17 \cdot (-9)$
d) $-5 \cdot 2 \cdot 24$
e) $-168 : 8$
f) $-154 : (-7)$
g) $198 : (-9)$
h) $-240 : (-3) : (-5)$

Aufgabe 15 ●○○

Berechne die fehlende Zahl.

a) $\square \cdot (-16) = 80$
b) $\square : (-12) = -7$
c) $25 \cdot \square = -125$
d) $-136 : \square = 8$
e) $-12 \cdot \square = 168$
f) $\square : 8 = -14$

Aufgabe 16 ●●●

Sind die Aussagen wahr oder falsch? Kreuze an. Ist die Aussage falsch, gib ein Gegenbeispiel an.

Aussage	wahr	falsch	Gegenbeispiel
Das Produkt aus einer ganzen Zahl und ihrer Gegenzahl ist immer positiv.	☐	☐	
Das Produkt aus 3 negativen Zahlen ist immer negativ.	☐	☐	
Der Quotient aus zwei ganzen Zahlen kann nie null sein.	☐	☐	
Das Ergebnis einer Multiplikation ist immer größer als jeder Faktor.	☐	☐	

Verknüpfung der Grundrechenarten

Kompetenzcheck

Ich kann …	Aufgabe	Ergebnis
… Terme mit ganzen Zahlen berechnen.	**Aufgabe 1** Berechne. a) $-25 + 5 \cdot (-3)$ ____________________ b) $-7 \cdot (13 - 23)$ ____________________ c) Multipliziere die Summe von −25 und 10 mit der Differenz von −8 und −12. ____________________	→ S. 165
… mit ganzen Zahlen ausklammern und ausmultiplizieren.	**Aufgabe 2** Ergänze die fehlenden Zahlen bzw. Rechenzeichen. a) $-11 \cdot (10 + 6) =$ ___ $\cdot 10 +$ ___ $\cdot 6$ b) $9 \cdot (-60 + 2) = 9 \cdot$ ___ $+ 9 \cdot$ ___ c) $-12 \cdot (10 - 3) =$ ___ $\cdot 20$ ___ $12 \cdot (-3)$ d) $(-7) \cdot 12 + (-7) \cdot 8 =$ ___ $\cdot (12$ ___ $8)$ e) $-12 \cdot 18 + 12 \cdot 8 =$ ___ $\cdot (18 - 8)$	→ S. 165

Schritt-für-Schritt-Erklärung

Fachbegriffe

Terme mit ganzen Zahlen werden nach den **Rechenregeln** für Terme und ganze Zahlen berechnet.

Voraussetzungen sind also
- Vorrangregeln für das Rechen mit Termen,
- Rechenregeln für ganze Zahlen.

So gehst du vor

Diese Vorrangregeln gelten für das Rechnen mit allen Zahlen:

1. Klammern zuerst berechnen.
2. Punkt (⊙ und ⊡) vor Strich (⊕ und ⊖)
3. von links nach rechts

$-7 \cdot (13 - 23)$
$= -7 \cdot (-10)$
$= 70$

KlaPS
- Klammer
- Punkt
- Strich

Beachte, dass du bei Teilergebnissen Klammern setzen musst!

$25 - 5 \cdot (-3)$
$= 25 - (-15)$
$= 40$

Zwei Rechenzeichen dürfen nicht direkt nebeneinander stehen!

So gehst du vor

Ausmultiplizieren mit negativen Zahlen – die Minusklammer:

Hier musst du besonders auf die **Vorzeichen** achten!

Für das Ausmultiplizieren gilt:
$a \cdot (b + c) = a \cdot b + a \cdot c$

$5 \cdot (-20 + 2)$
$= 5 \cdot (-20) + 5 \cdot 2$
$= -100 + 10$
$= -90$

Hier darfst du die Klammer weglassen!

Ist a eine negative Zahl, spricht man auch von einer **Minusklammer**.
Dies gilt besonders dann, wenn **a = −1** ist.

$-8 \cdot (-20 - 2)$
$= -8 \cdot (-20) - (-8) \cdot 2$
$= 160 - (-16)$
$= 160 + 16$

oder

Eine Minusklammer kannst du umformen, indem du vor der Klammer das Minus (⊖) weglässt und in der Klammer die Vorzeichen **umdrehst**.

$-8 \cdot (-20 - 2)$
$= 8 \cdot (20 \oplus 2)$
$= 8 \cdot 20 + 8 \cdot 2$
$= 160 + 16$

Vorzeichen umdrehen!

Es gilt:
$-(b + c) = -b - c$

$-(20 + 5) = -20 - 5$
$-(-16 - 14) = 16 + 14$

Schritt-für-Schritt-Erklärung

So gehst du vor

Ausklammern mit negativen Zahlen:

Achte besonders auf die Vorzeichen, wenn der gemeinsame Faktor ein unterschiedliches Vorzeichen hat!

Es gilt: $a \cdot b + a \cdot c = a \cdot (b + c)$

Beispiele:

a) $-15 \cdot 8 - 15 \cdot 12$
$= -15 \cdot (8 + 12)$
$= -15 \cdot (20)$
$= -300$

b) $-12 \cdot 23 + 12 \cdot 3$

Möglichkeit 1: 12 ausklammern
$12 \cdot (-23 + 3)$
$= 12 \cdot (-20)$
$= -240$

Möglichkeit 2: −12 ausklammern
$-12 \cdot (23 - 3)$ (da ⊖ mal ⊖ ist ⊕)
$= -12 \cdot (20)$
$= -240$

Übungsaufgaben

Aufgabe 17 ●○○

Klammern zuerst!

Berechne.

a) $-8 \cdot (4 + 7) =$ ______

b) $-72 - (-35 + 13) =$ ______

c) $-182 + (-43 + 13) =$ ______

d) $(-13 + 5) \cdot (11 - 2) =$ ______

e) $-56 : (32 - 28) =$ ______

f) $(-12 - 4) \cdot 4 =$ ______

Aufgabe 18 ●○○

Punkt vor Strich!

Berechne.

a) $-3 \cdot 6 - 12 =$ ______

b) $37 + 4 \cdot (-2) =$ ______

c) $-41 + 4 \cdot (-12) =$ ______

d) $-24 + 3 \cdot 4 - 35 =$ ______

e) $-95 - 45 : (-3) =$ ______

f) $12 \cdot (-8) - 9 \cdot (-4) =$ ______

Aufgabe 19 ●○○

KlaPS!

Berechne.

a) $-3 \cdot (15 - 2 \cdot (-3)) =$ ______

b) $-96 : (12 - 4 \cdot (-9)) =$ ______

c) $-14 \cdot 2 + (7 - 3) \cdot (-4) =$ ______

d) $(-48 - 42) : (-27 + 12) =$ ______

e) $-42 : 3 + 25 \cdot (-3) =$ ______

f) $-18 + 4 \cdot (-22 + 14) + 33 =$ ______

g) $(-9 - 15) : (8 - 5) + 1 =$ ______

h) $-1 + 876 : 876 =$ ______

Aufgabe 20 ●●○

Schreibe zuerst einen Term in Zahlform und berechne den Wert.

a) Addiere zu −123 das Produkt von 12 und −3.

b) Subtrahiere 21 von der Summe von −38 und 29.

c) Multipliziere die Differenz von −35 und 25 mit −6.

d) Multipliziere die Summe von −5 und 11 mit der Summe von −13 und −9.

e) Subtrahiere 4 von −11 und multipliziere diese Differenz mit der Summe von 3 und −13.

f) Dividiere die Summe von −36 und −16 durch die Summe von −3 und 16.

Übungsaufgaben

Aufgabe 21 ●●○

Stelle mit den Kärtchen einen Term auf, der jeweils den angegebenen Wert hat.

a) −35 ____________________

b) −29 ____________________

c) −54 ____________________

d) −132 ____________________

Aufgabe 22 ●○○

Vervollständige den Rechenbaum.

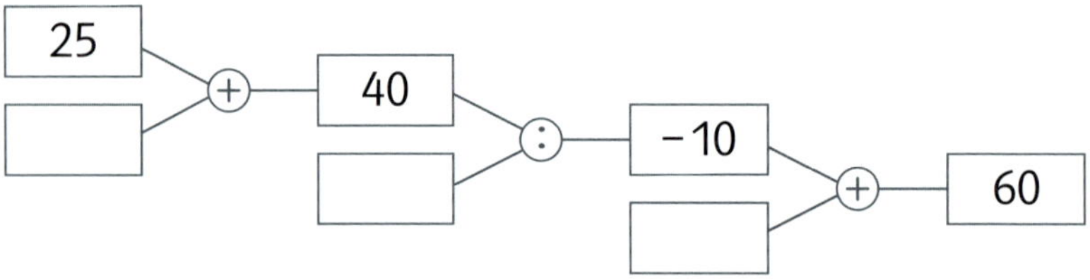

Aufgabe 23 ●○○

Multipliziere zuerst aus und berechne dann den Wert des Terms. Ergänze die Lücken.

a) $-17 \cdot (20 + 1)$

$= \_\_\_ \cdot 20 + (-17) \cdot \_\_\_$

b) $35 \cdot (-10 + 2)$

$= 35 \cdot \_\_\_ + 35 \cdot \_\_\_$

c) $-9 \cdot (30 - 2)$

$= \_\_\_ \cdot 30 - \_\_\_ \cdot \_\_\_$

d) $(-30 - 1) \cdot 12$

$= \_\_\_ \cdot 12 \; \_\_\_ \; 1 \cdot 12$

Aufgabe 24 ●●○

Multipliziere aus und berechne dann den Wert des Terms.

a) $-11 \cdot (10 - 2) =$ ______

b) $15 \cdot (-20 + 2) =$ ______

c) $-9 \cdot (-60 + 1) =$ ______

d) $(-20 - 2) \cdot (-12) =$ ______

e) $-4 \cdot (-40 - 1) =$ ______

f) $(-30 + 2) \cdot (-5) =$ ______

Aufgabe 25 ●○○

Klammere zuerst aus und berechne dann den Wert des Terms. Ergänze die Lücken.

a) $-17 \cdot 18 + (-17) \cdot 12$

$= \square \cdot (18 + 12)$

b) $-15 \cdot 23 + 15 \cdot 13$

$= \square \cdot (23 \;\square\; 13)$ oder $= 15 \cdot (\square + 13)$

c) $-12 \cdot 33 - 3 \cdot (-12)$

$= \square \cdot (33 - 3)$

d) $25 \cdot (-7) + 7 \cdot 15$

$= -7 \cdot (25 \;\square\; 15)$

Aufgabe 26 ●●○

Klammere aus und berechne dann den Wert des Terms.

a) $-16 \cdot 28 - 16 \cdot (-8) =$ ______

b) $-25 \cdot 18 + 25 \cdot (-22) =$ ______

c) $-12 \cdot 32 - 12 \cdot (-12) =$ ______

d) $5 \cdot 18 - 42 \cdot (-5) =$ ______

Abschlusskompetenzcheck

	Ich kann ...	✓
1	**... ganze Zahlen vergleichen.** Vergleiche die Zahlen. Setze <, = oder > ein. a) -17 ☐ -12 b) 5 ☐ -12 c) 0 ☐ -7 d) $\lvert 2 \rvert$ ☐ -5 e) $\lvert -15 \rvert$ ☐ 15 f) 12 ☐ $\lvert -21 \rvert$	
2	**... ganze Zahlen vergleichen.** Welche Zahlen darfst du für ☐ einsetzen, damit die Aussage wahr ist? a) $-5 <$ ☐ < 0 ________ b) $-2 <$ ☐ < 3 ________ c) $-1 <$ ☐ < 5 ________	
3	**... ganze Zahlen ordnen.** Ordne die Zahlen der Größe nach. Beginne mit der kleinsten Zahl. $\lvert -5 \rvert$, 0, -6, -4, 1, -1 ________	
4	**... ganze Zahlen addieren und subtrahieren.** Berechne. a) $-57 + 12 =$ ________ b) $-68 - 37 =$ ________ c) $24 - 68 =$ ________	
5	**... Rechnungen mit ganzen Zahlen vereinfacht schreiben.** Berechne. a) $-25 + (-43) =$ ________ b) $-13 - (-58) =$ ________ c) $22 - (+68) =$ ________	

	Ich kann …	✓
6	**… fehlende Zahlen berechnen.** Berechne die fehlenden Zahlen. a) −33 + ☐ = 20 b) ☐ − 53 = −85 c) −47 − ☐ = −18	
7	**… ganze Zahlen addieren und subtrahieren.** Welche Aufgaben sind richtig, welche falsch gerechnet? Kreuze an. Ist das Ergebnis falsch, bestimme das richtige Ergebnis.	

	richtig	falsch	richtiges Ergebnis
−25 + (−38) = −13	☐	☐	
18 − (−12) = 30	☐	☐	
28 − 39 = 11	☐	☐	

8	**… ganze Zahlen multiplizieren und dividieren.** Bestimme zuerst das Vorzeichen des Ergebnisses und berechne dann.	

	Ergebnis positiv	Ergebnis negativ	Ergebnis
−15 · 11	☐	☐	
−23 · (−8)	☐	☐	
84 : (−7)	☐	☐	
76 : (−4) · (−5)	☐	☐	
(−4) · 5 · (−6) : (−12)	☐	☐	

9	**… fehlende Zahlen berechnen.** Berechne die fehlenden Zahlen. a) ☐ · (−11) = 121 b) −65 : ☐ = 5 c) ☐ · (−16) = −96	

	Ich kann ...	✓
10	**... Terme mit ganzen Zahlen berechnen.** Berechne. a) $-21 - 47 + 68 =$ __________ b) $-29 - (-34 - 15) =$ __________ c) $(-12 - 4) \cdot (-4) =$ __________ d) $(-9 - 15) : (8 - 5) + 1 =$ __________ e) $-52 + 12 \cdot (-6) =$ __________ f) $-24 \cdot 3 + (-21 - 4) \cdot 4 =$ __________	
11	**... Terme mit ganzen Zahlen berechnen.** Finde die Fehler und korrigiere sie. a) $54 - (21 - 67) + 7 \cdot (-3)$ $= 54 - 46 - 21$ $= -13$ b) $-325 : 25 - 20 \cdot (-5)$ $= 13 - 100$ $= -87$	
12	**... Terme mit ganzen Zahlen berechnen.** Berechne. $-8 \cdot (-7) =$ __________ $17 \cdot (-3) =$ __________ $-51 : 17 \cdot (-16) =$ __________ $-102 - 25 \cdot (-2) =$ __________	
13	**... mit ganzen Zahlen ausmultiplizieren.** Multipliziere und berechne. a) $-3 \cdot (60 - 2) =$ __________ b) $12 \cdot (-20 - 2) =$ __________ c) $(-10 + 1) \cdot (-14) =$ __________	

	Ich kann ...	✓
14	**... mit ganzen Zahlen ausklammern.** Klammere aus und berechne. a) $-18 \cdot 17 + 3 \cdot (-18) =$ ____________ b) $-12 \cdot 11 - 11 \cdot 8 =$ ____________ c) $-24 \cdot 9 - 9 \cdot 6 =$ ____________	
15	**... Terme mit ganzen Zahlen berechnen.** Sind die Aussagen wahr oder falsch? Kreuze an. Ist die Aussage falsch, gib ein Gegenbeispiel an.	

Aussage	wahr	falsch	Gegenbeispiel
Addiert man zu einer positiven Zahl eine kleinere Zahl, so ist das Ergebnis immer größer als jede der beiden Zahlen.	☐	☐	
Subtrahiert man von einer Zahl eine größere Zahl, so ist das Ergebnis stets kleiner als null.	☐	☐	
Das Produkt aus einer Zahl und ihrer Gegenzahl ist nie negativ.	☐	☐	
Wenn man eine negative Zahl addiert, erhält man dasselbe Ergebnis, wie wenn man ihre Gegenzahl subtrahiert.	☐	☐	

1 (Natürliche) Zahlen darstellen

Kompetenzcheck
Zahlen lesen und schreiben

Aufgabe 1

a) 3 Millionen 400 Tausend
drei Millionen vierhunderttausend

b) 5 Milliarden 600 Tausend
fünf Milliarden sechshunderttausend

c) 1 Milliarde 23 Millionen 760 Tausend 891
eine Milliarde dreiundzwanzig Millionen siebenhundertsechzigtausendachthunderteinundneunzig

Aufgabe 2

a) 61 000 000 b) 210 576 000 000 c) 19 007 022 000 000

Kompetenzcheck
Natürliche Zahlen am Zahlenstrahl

Aufgabe 1

a) A: 1700, B: 7500, C: 11 100 b) A: 23 500, B: 31 300

Aufgabe 2

Aufgabe 3

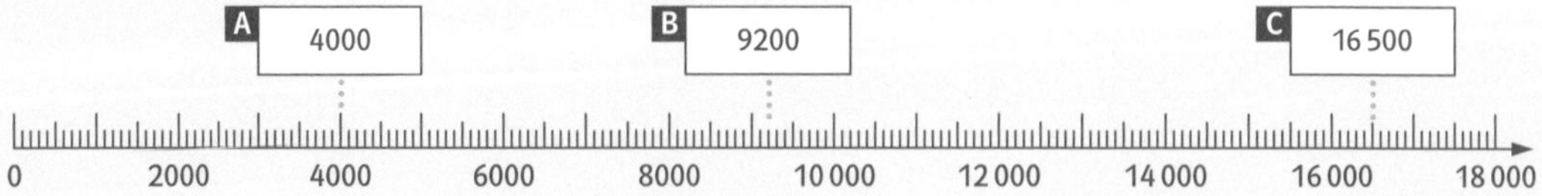

Kompetenzcheck
Zahlen vergleichen und ordnen

Aufgabe 1

Vorgänger	Zahl	Nachfolger
69 999	70 000	70 001
726 988	726 989	726 990
1 111 108	1 111 109	1 111 110

Aufgabe 2

a) 125 < 1250 b) 4567 < 4576 c) 135 790 222 > 13 579 022

Aufgabe 3

Ordne die Zahlen der Größe nach. Beginne mit der kleinsten Zahl.
576 < 765 < 5678 < 5687 < 6758 < 6785 < 50 678 < 55 678

Kompetenzcheck
Zahlen runden

Aufgabe 1

a) 126 197 ≈ 126 200 b) 18 449 ≈ 18 000 c) 9 871 234 ≈ 10 000 000

Aufgabe 2

Für ein Bilddiagramm sollte man die Zahlen auf Hunderttausender runden.

Aufgabe 3

a) 51 500
b) 1649
c) 4711 ≈ 4700, Rundungsfehler: 4711 − 4700 = 11

Kompetenzcheck
Zahlen in Diagrammen darstellen

Aufgabe 1

a)

Name	Lara	Marius	Aylin	Tobias
Stimmen	5	4	11	10

b) Die beliebteste Farbe bei Autofahrerinnen ist **rot**, bei Autofahrern ist sie **silber**. Insgesamt ist **schwarz** die beliebteste Autofarbe.
Felix und Marlene haben insgesamt **18** blaue Autos gezählt. Nur **2** Autofahrerinnen fuhren ein grünes Auto.

Aufgabe 2

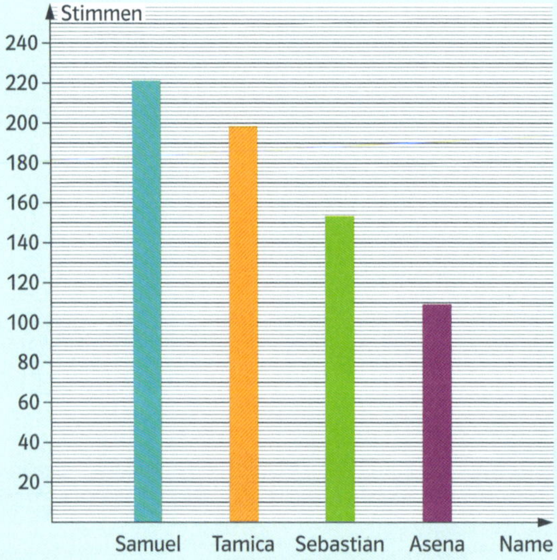

Aufgabe 1

a) 52 Millionen
b) 6 Milliarden
c) 123 Billionen
d) 112 Milliarden

Aufgabe 2

a) 527 Tausend 200
b) 12 Millionen 619 Tausend 701
c) 382 Milliarden 839 Millionen 431 Tausend 900
d) 1 Billion 120 Milliarden 11 Millionen 219 Tausend 930

Aufgabe 3

a) 12 000 000 000
b) 5 000 000 000 000
c) 102 000 000
d) 3 456 000 000

Aufgabe 4

a) 5 022 123
b) 12 003 045 006
c) 101 000 015 406 033
d) 506 000 007 080

Aufgabe 5

a) 4 056 700 000 000
b) 98 756 000 400
c) 321 987 432

Aufgabe 6

a) 6 Millionen 540 Tausend
sechs Millionen fünfhundertvierzigtausend
b) 12 Milliarden 70 Millionen 520 Tausend
zwölf Milliarden siebzig Millionen fünfhundertzwanzigtausend
c) 100 Billionen 10 Millionen 110
hundert Billionen zehn Millionen einhundertzehn
d) 102 Millionen 203 Tausend 79
einhundertzwei Millionen zweihundertdreitausendneunundsiebzig

Aufgabe 7

a) 75 Millionen 270 Tausend — 75 270 000
b) 43 Milliarden 10 Millionen 2 Tausend 820 — 43 010 002 820
c) 18 Billionen 305 Millionen 10 Tausend 80 — 18 000 305 010 080

Aufgabe 8

Zahl in Ziffern	gelesene Zahl in Stufenzahlen	Zahl in Worten
12 345 987	12 Millionen 345 Tausend 987	zwölf Millionen dreihundertfünfundvierzig-tausendneunhundertsiebenundachtzig
9 080 706 050	9 Milliarden 80 Millionen 706 Tausend 50	neun Milliarden achtzig Millionen siebenhundertsechstausendfünfzig
437 300	437 Tausend 300	vierhundertsiebenunddreißigtausend-dreihundert
76 804 010 002	76 Milliarden 804 Millionen 10 Tausend 2	sechsundsiebzig Milliarden achthundertvier Millionen zehntausendzwei

Aufgabe 9

a) Zwei benachbarte Striche sind 100 auseinander.

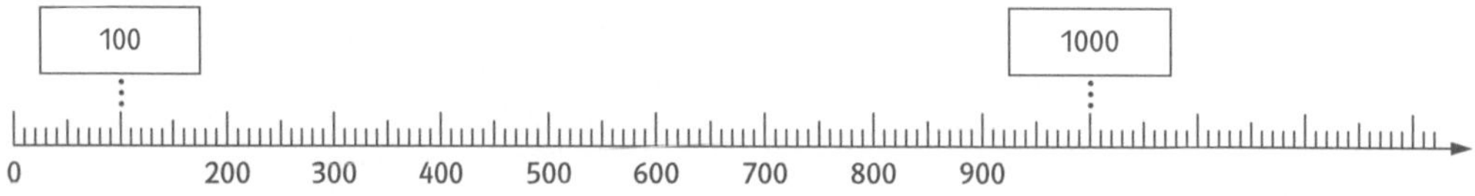

b) Zwei benachbarte Striche sind 1000 auseinander.

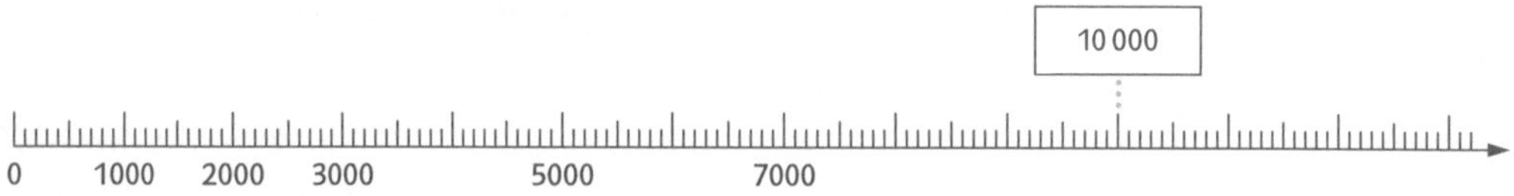

c) Zwei benachbarte Striche sind 25 000 auseinander.

Aufgabe 10

a)

b)

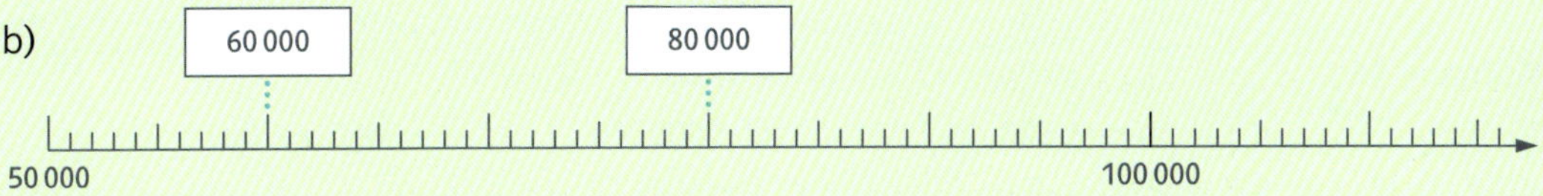

c)

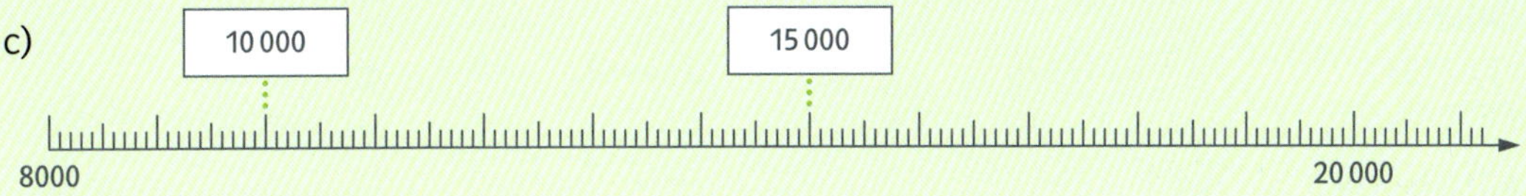

Aufgabe 11

a)

b)

Aufgabe 12

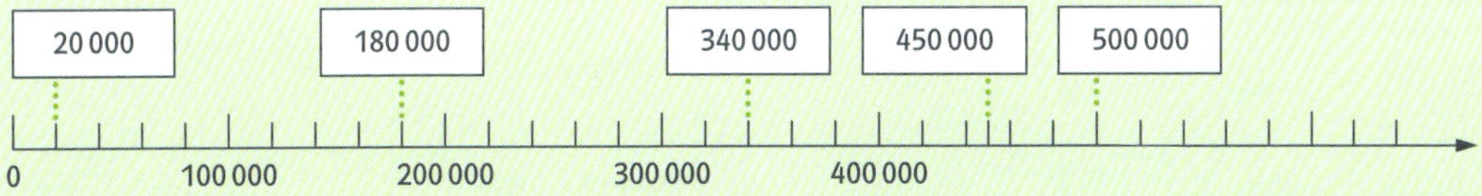

Aufgabe 13

a) 900 000 b) 900 000 c) 3 600 000 d) 820 000

Aufgabe 14

a) 700 000 b) 950 000

Aufgabe 15

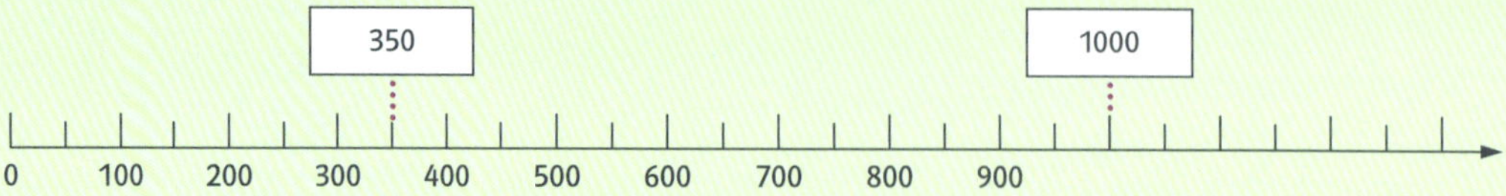

Aufgabe 16

a) 10 357 b) 110 300 c) 9 000 000 d) 3 500 001

Aufgabe 17

a) 87 653 b) 13 578 c) 22 446 687 d) 12 061 969

Aufgabe 18

a) 13 559 b) 110 099 c) 9 999 999 d) 123 399 999

Aufgabe 19

Vorgänger	123 456 788	699 999	3 499 999 999	1 030 507 089
Zahl	123 456 789	700 000	3 500 000 000	1 030 507 090
Nachfolger	123 456 790	700 001	3 500 000 001	1 030 507 091

Aufgabe 20

Vorgänger	9 999 999 999	102 030 498	100 200 299 998	40 499 998
Zahl	10 000 000 000	102 030 499	100 200 299 999	40 499 999
Nachfolger	10 000 000 001	102 030 500	100 200 300 000	40 500 000

Aufgabe 21

a) 34 980 > 34 809
b) 9 876 432 < 9 876 532
c) 527 212 670 < 527 221 670
d) 678 910 > 678 901
e) 38 394 143 > 38 394 134
f) 101 010 010 < 101 010 101

Augabe 22

a) 102 354 < 560 354 < 780 931
b) 37 080 < 38 070 < 378 033
c) 4 011 599 < 4 020 312 < 4 490 872
d) 98 765 < 99 102 < 102 851

Aufgabe 23

a) 1989 < 2054 < 2345 < 2346 < 23 540
b) 5272 < 27 520 < 52 720 < 57 220 < 520 720
c) 12 930 < 93 712 < 102 913 < 112 093 < 113 092

Aufgabe 24

a) Ordne die Ziffern nach der Größe. Beginne mit der kleinsten. Zahl: 2359
b) Ordne die Ziffern nach der Größe. Beginne mit der größten. Zahl: 9532
c) 3592; 3925; 3952

Aufgabe 25

a) 23**4**56 ≈ 23500
b) 456**7**89 ≈ 456800
c) 98 ≈ 100
d) 49 ≈ 0

Aufgabe 26

a) **9**876 ≈ 10000
b) 3**4**999 ≈ 35000
c) 6543**3**210 ≈ 6543000
d) 405**0**60 ≈ 405000

Aufgabe 27

a) **3**5791 ≈ 40000
b) 13**57**924 ≈ 1360000
c) 9**6**420 ≈ 100000
d) **0**5432 ≈ 10000

Aufgabe 28

a) **6**152430 ≈ 6000000
b) 1**9**490871 ≈ 19000000
c) 4**9**500876 ≈ 50000000
d) 5453**3**525150 ≈ 5454000000

Aufgabe 29

a) ☒ 272450 ☒ 271670 ☐ 272890 ☐ 282012
b) ☐ 51490 ☒ 50505 ☐ 50449 ☒ 50480

Aufgabe 30

a) 12**6**499 b) 12**5**500

Aufgabe 31

☐ Eine Postleitzahl von Stuttgart ist 70567.
Hier kommt es auf die exakte Zahl an.

☒ Stuttgart hatte 2012 613392 Einwohner.
Einwohnerzahlen darf man in der Regel runden.

☒ Die Erde hat einen Umfang von 40075 km.
Es kommt meist nicht auf den genauen Wert an; es sei denn, die Zahl steht exakt in einem Lexikon.

☐ Jonas ist 172 cm groß.
Größen werden in der Regel exakt angegeben.

☒ Familie Schmid zahlt für ihren Urlaub 3978 €.
Familie Schmid kann runden und sagen, dass der Urlaub etwa 4000 € kostet.
Das Reisebüro darf nicht runden, sondern muss den Preis genau angeben.

☐ Jasmin hat Kleidergröße 176.
Es gibt keine „gerundeten" Größen.

Aufgabe 32

a) 23 723 ≈ 23 700; Rundungsfehler: 23
b) 975 310 ≈ 975 000; Rundungsfehler: 310
c) 192 837 ≈ 190 000; Rundungsfehler: 2 837
d) 3 042 874 ≈ 3 000 000; Rundungsfehler: 42 874
e) 34 550 ≈ 34 600; Rundungsfehler: 50
f) 122 940 ≈ 123 000; Rundungsfehler: 60

Aufgabe 33

a) 5272 ≈ 5300
b) 87 431 ≈ 90 000
c) 234 341 ≈ 234 000
d) 52 499 ≈ 52 000

Aufgabe 34

	ja	nein	richtig gerundete Zahl
5272 ≈ 5300	☐	☒	5000
19 510 ≈ 20 000	☒	☐	
183 499 ≈ 183 000	☒	☐	
67 493 ≈ 68 000	☐	☒	67 000
479 ≈ 0	☒	☐	

Aufgabe 35

Berliner Fernsehturm: 365 m
The Shard (London): 310 m
Messeturm Frankfurt: 256,6 m
Ulmer Münster: 161,5 m
Silver Star
(Achterbahn Europapark): 76 m

Aufgabe 36

Wanderfalke: $322\,\frac{\text{km}}{\text{h}}$
Fächerfisch: $110\,\frac{\text{km}}{\text{h}}$
Gepard: $110\,\frac{\text{km}}{\text{h}}$
Schweinswal: $90\,\frac{\text{km}}{\text{h}}$
Strauß: $72\,\frac{\text{km}}{\text{h}}$
Libelle: $50\,\frac{\text{km}}{\text{h}}$

Aufgabe 37

Zugspitze: 3000 m
Watzmann: 2700 m
Feldberg: 1500 m
Fichtelberg: 1200 m

Aufgabe 38

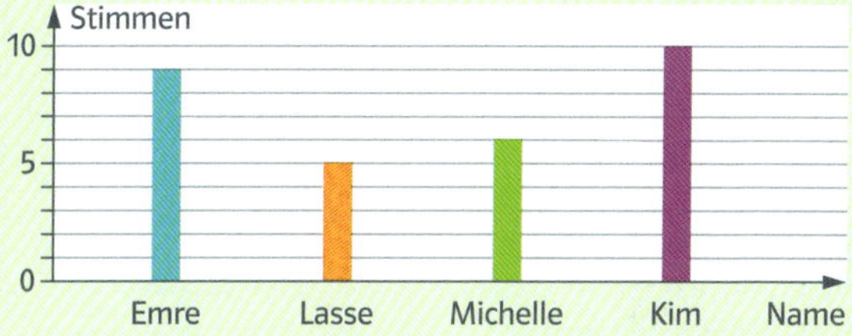

Aufgabe 39

a) Jede Figur steht für 100 000 Einwohner. Stuttgart hat gerundet 600 000 Einwohner, Bremen 500 000. Deshalb hat Stuttgart eine Figur mehr als Bremen.

b)

Stadt	Stuttgart	Bremen	Nürnberg	Bonn	Münster
Einwohner	597 939	546 451	495 121	309 869	296 599
Bilddiagramm					

Aufgabe 40

a) Dortmund: 81 000; München 71 000; Frankfurt 52 000; Braunschweig: 26 000

b)

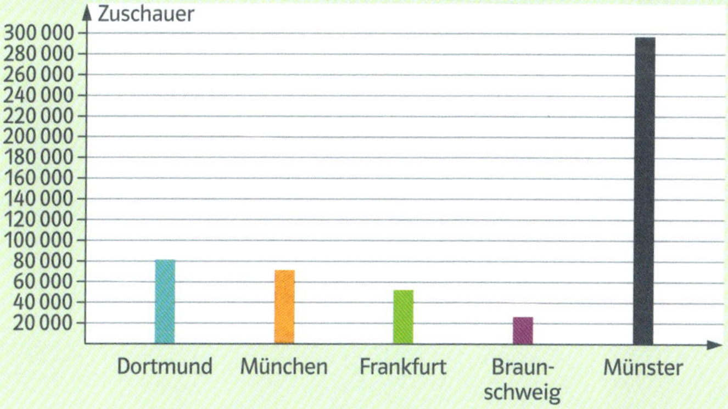

	Lösung
1	a) 5 720 012 670 b) 2 023 567 008 090 c) 10 345 403 d) 3 502 695 088
2	a) 102 Millionen 203 Tausend 79 b) 47 Millionen 149 Tausend 901 c) 1 Milliarde 502 Millionen 695 Tausend 800
3	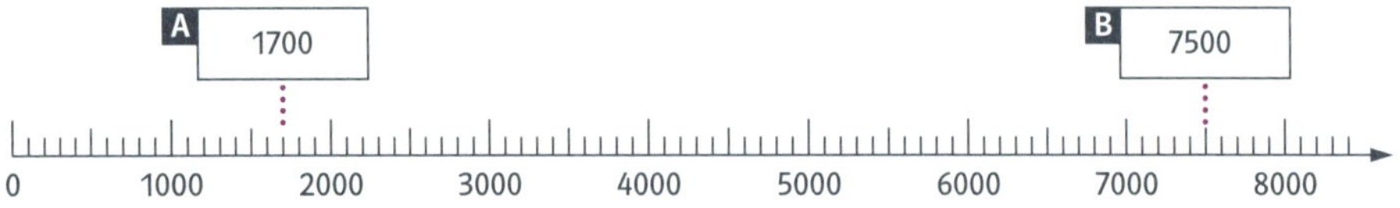
4	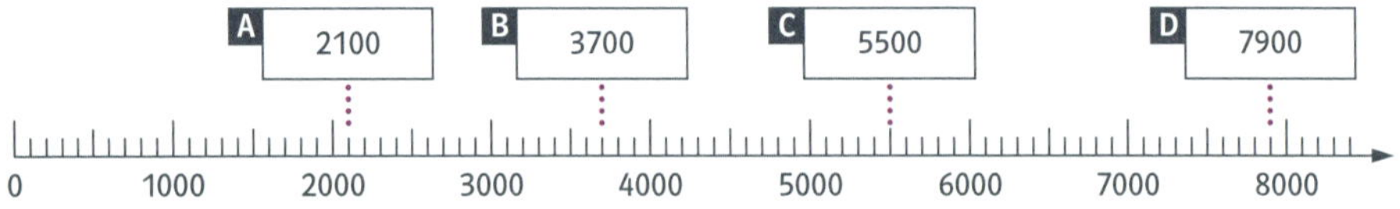
5	a) 8778 < 8787 b) 543 210 > 543 120 c) 200 300 > 200 030
6	a) 98 **7**89 ≈ 98 800 b) 30**2** 490 ≈ 302 000 c) 1 8**2**9 020 ≈ 1 830 000 d) **0** 498 761 ≈ 0

7

	kleinstmöglich	größtmöglich
5400 auf Zehner	5395	5404
41 000 auf Tausender	40 500	41 499
890 000 auf Zehntausender	885 000	894 999
14 000 000 auf Millionen	13 500 000	14 499 999

8

Fluss	Nil	Ganges	Darling River	Donau	Rhein
Länge in km	6900	2500	2800	2900	1200

Lösung

9

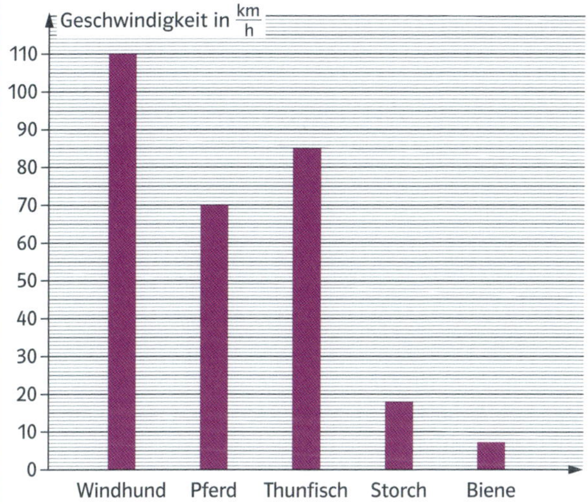
Geschwindigkeit in $\frac{km}{h}$
110
100
90
80
70
60
50
40
30
20
10
0
Windhund
Pferd
Thunfisch
Storch
Biene

2 Mit natürlichen Zahlen rechnen

Kompetenzcheck
Addieren

Aufgabe 1

1. Summand		2. Summand		Wert der Summe
25	+	45	=	70

Summe (25 + 45)

Aufgabe 2

a) 82 b) 132

Aufgabe 3

a) 357 b) 733

Aufgabe 4

a) 77 b) 90

Kompetenzcheck
Schriftlich addieren

Aufgabe 1

a) 2046 + 9753
 2046 ≈ 2000
 9753 ≈ 10 000
 Überschlag: 2000 + 10 000 = 12 000

b) 6842 + 5379
 6842 ≈ 7000
 5379 ≈ 5000
 Überschlag: 7000 + 5000 = 12 000

c) 21 578 + 9710 + 3147
 21 578 ≈ 22 000
 9710 ≈ 10 000
 3147 ≈ 3000
 Überschlag: 22 000 + 10 000 + 3000 = 35 000

Aufgabe 2

a)

		2	0	4	6
+		$_1$9	7	5	3
	1	1	7	9	9

b)

		6	8	4	2
+		$_1$5	$_1$3	$_1$7	9
	1	2	2	2	1

c)

	2	1	5	7	8
+		9	7	1	0
+	$_1$	$_1$3	$_1$1	$_1$4	7
	3	4	4	3	5

d)

			3	5	4	8
+	2	0	1	9	7	8
+			$_2$	$_1$9	$_1$7	1
	2	0	6	4	9	7

Kompetenzcheck Subtrahieren

Aufgabe 1

Minuend | Subtrahend | Wert der Differenz

345 − 123 = 222

(345 − 123: Differenz)

Aufgabe 2

a) 64 b) 64

Aufgabe 3

a) 94 − 47 = 47; die fehlende Zahl ist also 47.
b) 104 − 68 = 36; die fehlende Zahl ist also 36.
c) 98 − 49 = 49; die fehlende Zahl ist also 49.

Kompetenzcheck Schriftlich subtrahieren

Aufgabe 1

a)

	8	7	6	5
−	4	3	2	1
	4	4	4	4

b)

	6	4	2	0
−	$_1$3	$_1$5	$_1$7	1
	2	8	4	9

Aufgabe 2

	5	2	7	2	1
–	1	2	6	7	0
–	$_1$	$_1$1	$_1$1	0	0
	3	8	9	5	1

Aufgabe 3

	Überschlag	ja	nein
9127 – 6859 = 3268	9000 – 7000 = 2000	☐	☒
34 567 – 12 987 – 9705 = 1185	35 000 – 13 000 – 10 000 = 12 000	☐	☒

Kompetenzcheck Multiplizieren

Aufgabe 1

1. Faktor		2. Faktor		Wert des Produkts
13	·	8	=	104

Produkt (13 · 8)

Aufgabe 2

a) 184 b) 132 c) 2800

Aufgabe 3

a) 3^4 b) 12^2

Aufgabe 4

a) $5 \cdot 5 = 25$ b) $2 \cdot 2 \cdot 2 \cdot 2 = 16$

Kompetenzcheck
Schriftlich multiplizieren

Aufgabe 1

a)

	2	4	6	8	0	·	5
		1	2	3	4	0	0

b)

	5	1	7	9	·	2	4
		1	0	3	5	8	
+			2	$_1$0	7	1	6
		1	2	4	2	9	6

c)

	5	4	3	·	2	0	4
		1	0	8	6		
+				0	0	0	
+			$_1$	2	1	7	2
		1	1	0	7	7	2

Aufgabe 2

	Überschlag	ja	nein
312 · 295 = 92 040	300 · 300 = 90 000	☒	☐
4321 · 87 = 37 527	4000 · 90 = 360 000	☐	☒

Kompetenzcheck: Dividieren

Aufgabe 1

Dividend | Divisor | Wert des Quotienten

165 : 5 = 33

Quotient

Aufgabe 2

a) 32

b) 106

c) 50

Aufgabe 3

a) 91 : 7 = 13,
also 7 · 13 = 91

b) 168 : 14 = 12,
also 12 · 14 = 168

c) 9 · 15 = 135,
also 135 : 15 = 9

d) 17 · = 102
102 : 17 = 6,
also 102 : 17 = 6

Kompetenzcheck
Schriftlich dividieren

Aufgabe 1

a)

3	2	1	0	:	6	=	5	3	5
3	0								
	2	1							
	1	8							
		3	0						
		3	0						
			0						

b)

9	8	7	2	:	8	=	1	2	3	4
8										
1	8									
1	6									
	2	7								
	2	4								
		3	2							
		3	2							
			0							

c)

3	4	6	5	:	1	5	=	2	3	1
3	0									
	4	6								
	4	5								
		1	5							
		1	5							
			0							

Aufgabe 2

a) 10 000 : 20 = 500

b) 9000 : 9 = 1000 oder genauer 10 800 : 9 = 1200

Aufgabe 1

a) $16 + 40 + 7 = 63$
b) $28 + 60 + 3 = 91$
c) $35 + 10 + 7 = 52$
d) 265
e) $78 + 20 + 9 = 107$
f) $246 + 50 + 4 = 300$

Aufgabe 2

a) $44 + 12$
$= 44 + 10 + 2$
$= 56$

b) $66 + 19$
$= 66 + 10 + 9$
$= 85$

c) $75 + 58$
$= 75 + 50 + 8$
$= 133$

Aufgabe 3

a) $53 + 198$ (Trick 4)
$= 53 + 200 - 2$
$= 253 - 2$
$= 251$

b) $77 + 65$ (Trick 3)
$= 77 + 60 + 5$
$= 137 + 5$
$= 142$

c) $45 + 63 + 75$ (Trick 1)
$= 45 + 75 + 63$ (Trick 2)
$= 120 + 63$
$= 183$

Aufgabe 4

a) $277 + 120$
$= 277 + 100 + 20$
$= 397$

b) $205 + 78$
$= 78 + 205$
$= 78 + 200 + 5$
$= 283$

c) $135 + 406$
$= 135 + 400 + 6$
$= 541$

d) $852 + 160$
$= 852 + 100 + 60$
$= 1012$

e) $280 + 166$
$= 280 + 160 + 6$
$= 446$

f) $307 + 579$
$= 579 + 307$
$= 579 + 300 + 7$
$= 886$

Aufgabe 5

a) $95 = 100 - 5$
b) $107 = 100 + 7$
c) $306 = 300 + 6$
d) $491 = 500 - 9$
e) $794 = 800 - 6$
f) $808 = 800 + 8$
g) $512 = 500 + 12$

Aufgabe 6

a) $222 + 98$
$= 222 + 100 - 2$
$= 322 - 2$
$= 320$

b) $531 + 304$
$= 531 + 300 + 4$
$= 831 + 4$
$= 835$

c) $321 + 97$
$= 321 + 100 - 3$
$= 421 - 3$
$= 418$

d) $205 + 138$
$= 138 + 205$
$= 138 + 200 + 5$
$= 338 + 5$
$= 343$

e) $495 + 379$
$= 379 + 495$
$= 379 + 500 - 5$
$= 879 - 5$
$= 874$

f) $128 + 411$
$= 128 + 400 + 11$
$= 528 + 11$
$= 539$

Aufgabe 7

a) Wähle die größte fünfstellige Zahl und die kleinste einstellige Zahl:
z. B.: 98 743 + 1 = 98 744

b) Addiere die beiden kleinsten dreistelligen Zahlen:
148 + 379 = 527

c) 1500 = 700 + 800; 1700 = 800 + 900
Zahl 1: zwischen 700 und 800; 749
Zahl 2: zwischen 800 und 900; 831
749 + 831 = 1580

d) 9873 + 41 = 9914

Aufgabe 8

a)

		2	3	9	8	7
+		8	$_{1}5$	1	$_{1}0$	5
	1	0	9	0	9	2

b)

	5	4	6	1	7	9	3
+	$_{1}2$	$_{1}8$	5	$_{1}0$	$_{1}9$	$_{1}6$	7
	8	3	1	2	7	6	0

c)

	1	5	7	9	3
+		8	6	4	2
+	$_{1}$	$_{1}3$	$_{1}3$	$_{1}5$	7
	2	7	7	9	2

d)

	2	9	2	5	0
+			9	8	7
+		$_{1}1$	$_{2}2$	$_{1}6$	7
	2	9	5	0	4

Aufgabe 9

a) Überschlag: 10 000 + 7000 = 17 000; 16 999

		9	7	5	3
+		7	2	4	6
	1	6	9	9	9

b) Überschlag: 40 000 + 50 000 = 90 000; 91 953

	3	9	4	7	2
+	$_{1}5$	2	$_{1}4$	8	1
	9	1	9	5	3

c) Überschlag: 6800 + 1000 + 5100 = 12 900; 12 922

		6	8	4	2
+			9	7	1
+		$_{1}5$	$_{1}1$	$_{1}0$	9
	1	2	9	2	2

d) Überschlag: 3000 + 8000 + 6000 + 3000 = 20 000; 19 943

		2	8	0	6
+		8	1	1	4
+		5	9	3	1
+		$_{1}3$	$_{1}0$	$_{1}9$	2
	1	9	9	4	3

Aufgabe 10

a)

	1	2	6	0
+	6	7	5	2
	8	0	1	2

b)

		5	2	7	2
+		1	2	7	0
+		9	7	4	3
	1	6	2	8	5

Aufgabe 11

a)

		8	0	5
+	1	3	5	7
+	$_{1}5$	$_{1}4$	$_{1}6$	3
	7	6	2	5

b)

	2	8	4	6
+		7	1	2
+	$_{2}5$	$_{1}9$	$_{1}9$	7
	9	5	5	5

c)

		4	6	8	0
+			8	7	1
+		$_{2}9$	$_{2}7$	5	3
	1	5	3	0	4

d)

	1	2	3	4	5
+	2	7	0	3	1
+		8	8	6	4
+		$_{1}1$	$_{1}1$	$_{1}2$	0
	4	9	3	6	0

Aufgabe 12

	richtig	falsch	Gegenbeispiel
Addiert man zwei vierstellige Zahlen, ist das Ergebnis immer eine fünfstellige Zahl.	☐	☒	1000 + 1000 = 2000, ist vierstellig
Addiert man zwei gerade Zahlen, ist das Ergebnis wieder eine gerade Zahl.	☒	☐	*Erklärung:* Hier kommt es nur auf die letzte Ziffer an. Eine gerade Ziffer und eine gerade Ziffer sind wieder gerade.
Wenn man drei fünfstellige Zahlen addiert, erhält man nie 50 505.	☐	☒	10 000 + 10 000 + 30 505 = 50 505
Addiert man zwei ungerade Zahlen, ist das Ergebnis eine gerade Zahl.	☒	☐	*Erklärung:* 1 + 1 = 2 ist gerade. Deshalb ist die Summe von zwei ungeraden Zahlen wieder gerade.

Aufgabe 13

a) 56 b) 69 c) 25 d) 9 e) 48 f) 35

Aufgabe 14

a) 275 b) 178 c) 136 d) 391 e) 528 f) 625

Aufgabe 15

285	142	76	31
143	66	45	
77	21		
56			

Aufgabe 16

a) 213 − 102
= 213 − 100 − 2
= 111

b) 345 − 206
= 345 − 200 − 6
= 139

c) 444 − 198
= 444 − 200 + 2
= 246

d) 705 − 299
= 705 − 300 + 1
= 406

e) 623 − 497
= 623 − 500 + 3
= 126

f) 567 − 398
= 567 − 400 + 2
= 169

Aufgabe 17

a) $\underbrace{123 - 52}_{71} < \underbrace{271 - 102}_{169}$

b) $\underbrace{553 - 298}_{255} < \underbrace{460 - 203}_{257}$

Aufgabe 18

a) Hier musst du die kleinste Zahl von der größten abziehen.
987 − 134 = 853
b) 417 − 398 = 19
c) Beispiel: 831 − 497 = 334; Rechne deine Lösung selbst nach.
d) 981 − 473 = 508

Aufgabe 19

a) 27 + 36 = 63
63 − 36 = 27

b) 79 − 23 = 56
56 + 23 = 79

c) 34 + 54 = 88 (vertauschen)
88 − 34 = 54

d) 79 − 36 = 43 (umkehren)
43 + 36 = 79 (vertauschen)
79 − 43 = 36

e) 128 + 38 = 166 (vertauschen)
166 − 128 = 38

f) 122 − 64 = 58 (umkehren)
58 + 64 = 122 (vertauschen)
64 + 58 = 122 (umkehren)
122 − 58 = 64

Aufgabe 20

a)

	9	7	5	4
−	8	0	$_{1}3$	6
	1	7	1	8

b)

	1	6	0	1	6
−		$_{1}3$	$_{1}8$	$_{1}3$	9
	1	2	1	7	7

c)

	4	1	9	6	8
−	$_{1}3$	6	9	6	3
		5	0	0	5

Aufgabe 21

a)

	8	7	6	5	4
−		1	2	3	4
−		$_{1}2$	$_{1}4$	$_{1}6$	8
	8	3	9	5	2

b)

	6	5	6	5	6
−		3	2	2	3
−	1	$_{1}0$	9	0	1
	5	1	5	3	2

c)

	2	5	9	3	3
−	2	1	7	6	6
−		2	0	1	2
−			$_{1}1$	$_{1}0$	1
		2	0	5	4

Aufgabe 22

a) Überschlag: 11 000 − 9000 = 2000

	1	0	9	0	1
−		8	$_{1}7$	6	1
		2	1	4	0

b) Überschlag: 7000 − 3000 = 4000

	7	4	5	5
−	3	$_{1}2$	6	4
	4	1	9	1

c) Überschlag: 8000 − 6000 − 1000 = 1000

	7	8	3	9
−	5	9	5	9
−	$_{1}1$	$_{1}2$	$_{1}2$	1
		6	5	9

d) Überschlag: 16 000 − 3000 − 4000 = 9000

	1	5	7	9	1
−		3	3	6	6
−		4	2	$_{1}2$	4
		8	2	0	1

Aufgabe 23

a)

	8	4	7	6
−	2	3	6	2
	6	1	1	4

b)

	3	1	7
−	$_1$1	2	3
	1	9	4

c)

	6	9	4	8
−	4	6	2	1
	2	3	2	7

Aufgabe 24

Rundet man alle Zahlen auf Tausender, erhält man:

95 000	63 000	68 000
78 000	97 000	15 000
183 000	35 000	22 000
57 000	27 000	86 000

Die Aufgaben lauten:
94 518 − 26 981 = 67 537
78 403 − 63 310 = 15 093
182 961 − 97 256 = 85 705
56 812 − 35 299 = 21 513

Aufgabe 25

a) $10 \cdot 6 + 9 \cdot 6 = 60 + 54 = 114$
b) $10 \cdot 3 + 5 \cdot 3 = 30 + 15 = 45$
c) $10 \cdot 9 + 4 \cdot 9 = 90 + 36 = 126$
d) $20 \cdot 5 + 2 \cdot 5 = 100 + 10 = 110$
e) $30 \cdot 7 + 5 \cdot 7 = 210 + 35 = 245$
f) $40 \cdot 4 + 8 \cdot 4 = 160 + 32 = 192$

Aufgabe 26

a) $72 \cdot 5 = 70 \cdot 5 + 2 \cdot 5 = 350 + 10 = 360$
b) $8 \cdot 64 = 8 \cdot 60 + 8 \cdot 4 = 480 + 32 = 512$
c) $33 \cdot 9 = 30 \cdot 9 + 3 \cdot 9 = 270 + 27 = 297$
d) $58 \cdot 7 = 7 \cdot 50 + 7 \cdot 8 = 350 + 56 = 406$

Aufgabe 27

a) $12 \cdot 13 = 12 \cdot 10 + 12 \cdot 3 = 120 + 36 = 156$
b) $23 \cdot 16 = 23 \cdot 10 + 23 \cdot 6 = 230 + 138 = 368$
c) $36 \cdot 21 = 36 \cdot 20 + 36 \cdot 1 = 720 + 36 = 756$
d) $25 \cdot 18 = 25 \cdot 10 + 25 \cdot 8 = 250 + 20 \cdot 8 + 5 \cdot 8$
$= 250 + 160 + 40 = 450$
e) $17 \cdot 22 = 17 \cdot 20 + 17 \cdot 2 = 340 + 34 = 374$
f) $15 \cdot 18 = 15 \cdot 10 + 15 \cdot 8 = 150 + 120 = 270$

Aufgabe 28

a) 130
b) 2300
c) 5400
d) 3300
e) 122 000
f) 69 000

Aufgabe 29

a) $2 \cdot 3 = 6$; $20 \cdot 30 = 600$
b) $6 \cdot 5 = 30$ $60 \cdot 5 = 300$
c) $18 \cdot 4 = 72$ $180 \cdot 4 = 720$
d) $12 \cdot 6 = 72$ $1200 \cdot 6 = 7200$
e) $5 \cdot 7 = 35$ $500 \cdot 70 = 35\,000$
f) $44 \cdot 5 = 220$ $440 \cdot 50 = 22\,000$

Aufgabe 30

a) $2 \cdot 38 \cdot 5 = 2 \cdot 5 \cdot 38 = 10 \cdot 38 = 380$
b) $6 \cdot 7 \cdot 5 \cdot 3 = 6 \cdot 5 \cdot 7 \cdot 3 = 30 \cdot 7 \cdot 3 = 30 \cdot 21 = 630$
c) $4 \cdot 21 \cdot 5 = 4 \cdot 5 \cdot 21 = 20 \cdot 21 = 420$
d) $25 \cdot 8 \cdot 4 = 25 \cdot 4 \cdot 8 = 100 \cdot 8 = 800$

Aufgabe 31

a) Das Produkt wird doppelt so groß.
Beispiel: alt: $2 \cdot 5 = 10$
neu: $2 \cdot 5 \cdot 2 = 10 \cdot 2$

b) Das Produkt wird $2 \cdot 2 = 4$ -mal so groß.
Beispiel: alt: $2 \cdot 5 = 10$
neu: $2 \cdot 2 \cdot 5 \cdot 2$
$= 2 \cdot 5 \cdot 2 \cdot 2$
$= 10 \cdot 2 \cdot 2$
$= 10 \cdot 4$

c) Das Produkt wird $3 \cdot 3 = 9$ -mal so groß.
Beispiel: alt: $2 \cdot 5 = 10$
neu: $2 \cdot 3 \cdot 5 \cdot 3$
$= 2 \cdot 5 \cdot 3 \cdot 3$
$= 10 \cdot 9$

d) Das Produkt bleibt gleich, denn $:2$ und $\cdot 2$ sind entgegengesetzte Rechnungen.
Beispiel: alt: $2 \cdot 5 = 10$
neu: $2 : 2 \cdot 5 \cdot 2$
$= 1 \cdot 10$

Aufgabe 32

a) $100 \cdot 4 = 400$

1	2	3	·	4
		4	**9**	**2**

b) $10\,000 \cdot 3 = 30\,000$

9	7	5	3	·	3
	2	**9**	**2**	**5**	**9**

c) 1000 · 6 = 600 oder 1200 · 6 = 7200

1	2	4	8	·	6
		7	**4**	**8**	**8**

d) 5000 · 9 = 45 000 oder 5000 · 10 = 50 000 oder 5300 · 9 = 47 700

5	3	1	7	·	9
	4	**7**	**8**	**5**	**3**

e) 7000 · 5 = 35 000

7	2	7	0	·	5
	3	**6**	**3**	**5**	**0**

f) 9000 · 7 = 6300

9	3	0	0	·	7
	6	**5**	**1**	**0**	**0**

Aufgabe 33

a) 100 · 30 = 3000

1	2	2	·	3	2
		3	6	6	
+			2	4	4
		3	**9**	**0**	**4**

b) 200 · 80 = 16 000 oder 250 · 80 = 20 000

2	4	6	·	8	1
	1	9	6	8	
+			2	4	6
	1	9	9	2	6

c) 800 · 50 = 40 000

7	5	3	·	4	6
	3	0	1	2	
+		4	5	1	8
	3	**4**	**6**	**3**	**8**

d) 700 · 50 = 35 000

6	9	7	·	5	2
	3	4	8	5	
+		$_1$1	$_1$3	9	4
	3	**6**	**2**	**4**	**4**

e) 600 · 100 = 60 000

6	1	4	·	1	3	1
		6	1	4		
+		1	8	4	2	
+		$_1$	$_1$	6	1	4
		8	**0**	**4**	**3**	**4**

d) 1202 · 25 ≈ 1000 · 25 = 25 000 vertauschen

1	2	0	2	·	2	5
		2	4	0	4	
+			$_1$6	0	1	0
		3	**0**	**0**	**5**	**0**

Aufgabe 34

a)

	7	2	0	5	·	2	8
		1	4	4	1	0	
+		$_1$	$_1$5	7	6	4	0
		2	**0**	**1**	**7**	**4**	**0**

b)

	4	3	2	1	·	5	3
		2	1	6	0	5	
+			1	$_1$2	$_1$9	6	3
		2	**2**	**9**	**0**	**1**	**3**

Aufgabe 35

a) Die Teilergebnisse wurden nicht an die richtige Stelle geschrieben.

	5	4	3	·	2	1
		1	$_1$0	8	6	
+				$_1$5	4	3
		1	1	4	0	3

b) Bei den Teilergebissen wurde nicht richtig multipliziert.
Die Null wurde nicht beachtet.

	5	0	2	·	7	2
		3	5	1	4	
+			1	0	0	4
		3	6	1	4	4

c) Die letzte Null wurde nicht beachtet.

	4	6	8	·	3	1	0
		1	4	0	4		
+				4	6	8	
+				$_1$	0	0	0
		1	4	5	0	8	0

Aufgabe 36

a) $100 \cdot 40 = 40\,000$, $3 \cdot 2 = 6$, Ergebnis letzte Ziffer 6, also 40 446
b) $7 \cdot 4 = 28$, Ergebnis letzte Ziffer 8, also 44 198
c) $400 \cdot 800 = 320\,000$, 6-stellig, also 333 432
d) $50 \cdot 800 = 40\,000$, $2 \cdot 5 = 10$, Ergebnis letzte Ziffer 0, also 41 340
e) $70 \cdot 500 = 35\,000$, letzte Ziffer 6, also 37 536

Aufgabe 37

a) 18 b) 12 c) 17 d) 16
e) 13 f) 25 g) 14 h) 63

Aufgabe 38

a) 0

b) $280 : 40 = 7$

c) $3500 : 500 = 7$

d) $4000 : 80 = 50$

e) $12\,000 : 3000 = 4$

f) $44\,000 : 400 = 110$

g) $8 : 0$ geht nicht, durch Null darf man nicht teilen!

h) $2100 : 50 = 42$

Aufgabe 39

a) $75 : 5 = 15$,
also $15 \cdot 5 = 75$

b) $\square \cdot 12 = 132$
$132 : 12 = 11$,
also $12 \cdot 11 = 132$

c) $117 : 13 = 9$,
also $9 \cdot 13 = 117$

d) $17 \cdot \square = 136$
$\square \cdot 17 = 136$
$136 : 17 = 8$,
also $136 : 8 = 17$

Aufgabe 40

a) $13 \cdot 6 = 78$, richtig

b) $221 : 17 = 12$, falsch
$12 \cdot 17 = 204$
$13 \cdot 17 = 221$,
also $221 : 17 = 13$

c) $16 \cdot 12 = 194$, falsch
$16 \cdot 12 = 192$

d) $126 : 18 = 7$, richtig

e) $336 : 16 = 21$
$21 \cdot 16 = 336$, also richtig

f) $148 : 4 = 36$, falsch
$36 \cdot 4 = 144$
$37 \cdot 4 = 148$
also $148 : 4 = 37$

Aufgabe 41

a) Das Ergebnis ist auch doppelt so groß.
Beispiel: $4 : 2 = 2$
$4 \cdot 2 : 2$
$= 8 : 2 = 4$

b) Das Ergebnis ist halb so groß.
Beispiel: $4 : 2 = 2$
$4 : 4 = 1$

c) Das Ergebnis bleibt gleich.
Beispiel: $4 : 2 = 2$
$8 : 4 = 2$

d) Das Ergebnis ist 4-mal so groß.
Beispiel: $4 : 2 = 2$
$8 : 1 = 8$

Aufgabe 42

a) □ · 15 = 90
90 : 15 = 6

b) □ : 9 = 14
14 · 9 = 126

c) □ : 7 = 22
22 · 7 = 154

d) 156 : □ = 6
6 · □ = 156
□ · 6 = 156
156 : 6 = 26

Aufgabe 43

a) 1500 : 5 = 300

1	6	0	5	:	5	=	3	2	1
1	5								
	1	0							
	1	0							
		0	5						
		0	5						
			0						

b) 3200 : 4 = 800

3	4	5	2	:	4	=	8	6	3
3	2								
	2	5							
	2	4							
		1	2						
		1	2						
			0						

c) 1600 : 8 = 200

1	6	1	6	:	8	=	2	0	2
1	6								
	0	1							
		0							
		1	6						
		1	6						
			0						

b) 5400 : 9 = 600

5	6	8	8	:	9	=	6	3	2
5	4								
	2	8							
	2	7							
		1	8						
		1	8						
			0						

Aufgabe 44

a) 3600 : 12 = 300

3	8	5	2	:	1	2	=	3	2	1
3	6									
	2	5								
	2	4								
		1	2							
		1	2							
			0							

b) $50\not{0} : 2\not{0} = 25$

5	0	4	:	1	8	=	2	8
3	6							
1	4	4						
1	4	4						
		0						

c) 65ØØ : 1Ø = 650

6	5	0	1	:	1	1	=	5	9	1
5	5									
1	0	0								
	9	9								
		1	1							
		1	1							
			0							

d) 5000 : 25 = 200

4	9	5	0	:	2	5	=	1	9	8
2	5									
2	4	5								
2	2	5								
	2	0	0							
	2	0	0							
			0							

Aufgabe 45

a) 5400 : 6 = 900

5	4	3	2	:	6	=	9	0	5	**Rest**	**2**
5	4										
	0	3									
		0									
		3	2								
		3	0								
			2								

b) 6500 : 5 = 1300

6	7	8	9	:	5	=	1	3	5	7	**Rest**	**4**
5												
1	7											
1	5											
	2	8										
	2	5										
		3	9									
		3	5									
			4									

c) 1200 : 4 = 300

1	3	5	7	:	4	=	3	3	9	**Rest**	**1**
1	2										
	1	5									
	1	2									
		3	7								
		3	6								
			1								

d) 9100 : 7 = 1300

9	7	5	3	:	7	=	**1**	**3**	**9**	**3**	Rest	2
7												
2	7											
2	1											
	6	5										
	6	3										
		2	3									
		2	1									
			2									

Aufgabe 46

a) 2200 : 11 = 200

2	4	6	8	:	1	1	=	2	2	4	Rest	4
2	2											
	2	6										
	2	2										
		4	8									
		4	4									
			4									

b) 240~~0~~ : 2~~0~~ = 120

2	4	6	8	:	1	5	=	1	6	4	Rest	8
1	5											
	9	6										
	9	0										
		6	8									
		6	0									
			8									

c) 10 00~~0~~ : 2~~00~~ = 500

1	3	5	7	0	:	2	0	=	6	7	8	Rest	1	0
1	2	0												
	1	5	7											
	1	4	0											
		1	7	0										
		1	6	0										
			1	0										

d) 24 00~~0~~ : 3~~0~~ = 800

2	4	3	1	3	:	2	5	=	9	7	2	**Rest**		**1**	**3**
2	2	5													
	1	8	1												
	1	7	5												
			6	3											
			5	0											
			1	**3**											

Aufgabe 47

a)

	3	7	5	0	:	6	=	6	2	5
–	3	6								
		1	5							
	–	1	2							
			3	0						
		–	3	0						
				0						

b)

	3	5	7	1	2	:	2	4	=	1	4	8	8
–	2	4											
	1	1	7										
–		9	6										
		2	1	1									
	–	1	9	2									
			1	9	2								
		–	1	9	2								
					0								

Aufgabe 48

3927 : 11	357
3681 : 9	409
4344 : 8	543
5535 : 15	369
2499 : 7	357

Lösungen zum Abschlusskompetenzcheck

	Lösung
1	a) 443 b) 77 c) 221 d) 11

2

a) 53 000 + 7000 + 14 000 = 74 000

	5	3	4	1	7
+		6	6	3	3
+	$_1$1	$_1$4	4	$_1$4	2
	7	4	4	9	2

b) 60 000 − 12 000 = 48 000

	5	6	7	8	9
−	1	2	3	4	5
	4	4	4	4	4

c) 700 · 150 = 105 000

7	2	4	·	1	4	3
		7	2	4		
+		2	8	9	6	
+			$_1$2	$_1$1	$_1$7	2
	1	0	3	5	3	2

d) 3600 : 3 = 1200

3	6	4	8	:	3	=	1	2	1	6
3	6									
	0	4								
		3								
		1	8							
		1	8							
			0							

3

a) 9753 − 5678 = ▢

	9	7	5	3
−	5	$_1$6	$_1$7	8
	4	0	7	5

b) 2851 + 1234 = ▢

	2	8	5	1
+	$_1$1	2	3	4
	4	0	8	5

c) 6543 + ▢ = 9618

	9	6	1	8
−	6	$_1$5	4	3
	3	0	7	5

d) ▢ : 15 = 277

2	7	7	·	1	5
		2	7	7	
+		$_1$1	$_1$3	8	5
		4	1	5	5

	Lösung
3	e) 33 550 : 11 =

3	3	5	0	0	:	1	1	=	3	0	5	0
3	3											
	0	5										
		0										
		5	5									
		5	5									
			0	0								
				0								
				0								

f) 27 855 : 9 =

2	7	8	5	5	:	9	=	3	0	9	5
2	7										
	0	8									
		0									
		8	5								
		8	1								
			4	5							
			4	5							
				0							

3 Verknüpfung der Grundrechenarten

Kompetenzcheck
Vorrangregeln für Terme

Aufgabe 1

a) $67 - (18 + 7)$
$= 67 - 25$
$= 42$

b) $42 - 8 \cdot 4$
$= 42 - 32$
$= 10$

c) $5 \cdot (20 - 8) - 10$
$= 5 \cdot 12 - 10$
$= 60 - 10$
$= 50$

Aufgabe 2

a) $58 - (12 + 9)$ Klammer zuerst
$= 58 - 21$
$= 37$

b) $49 + 19 - 21$ von links nach rechts
$= 68 - 21$
$= 47$

c) $25 + 72 : 6$ Punkt vor Strich
$= 25 + 12$
$= 37$

d) $(18 + 12) - 4 \cdot 3$ Klammer zuerst
$= 30 - 4 \cdot 3$ Punkt vor Strich
$= 30 - 12$
$= 18$

Kompetenzcheck
Terme in Wortform

Aufgabe 1

a) $234 + (12 \cdot 8)$
$= 234 + 12 \cdot 8$

b) $(15 + 7) \cdot (36 - 27)$

Aufgabe 2

a) 124 − 13 · 8

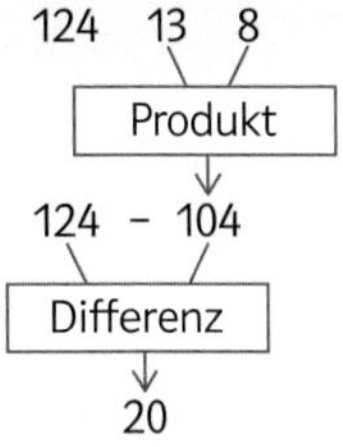

Der Term ist also ein/e Differenz.

b) 5 · (13 − 3 · 3)

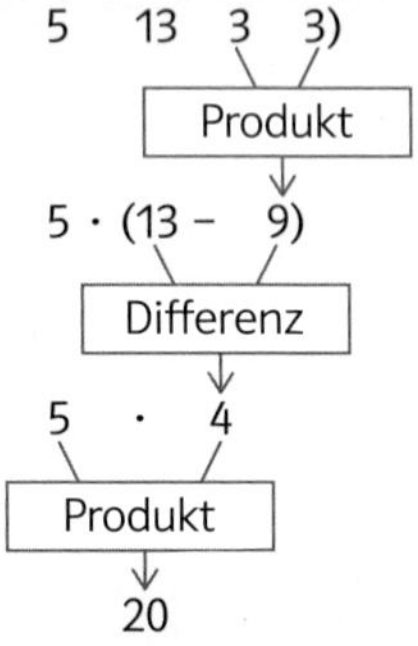

Der Term ist also ein/e Produkt.

Aufgabe 3

a) Addiere zu 52 die Differenz von 78 und 10.
b) Dividiere die Summe von 43 und 17 durch die Differenz von 20 und 8.

Kompetenzcheck Ausmultiplizieren und Ausklammern

Aufgabe 1

a) $5 \cdot (20 - 4) = 5 \cdot 20 - 5 \cdot 4$
b) $8 \cdot (30 + 5) = 8 \cdot 30 + 8 \cdot 5$
c) $6 \cdot 115 = 6 \cdot (100 + 15) = 6 \cdot 100 + 6 \cdot 15$

Aufgabe 2

a) $7 \cdot 12 + 7 \cdot 8 = 7 \cdot (12 + 8)$
b) $12 \cdot 28 - 12 \cdot 13 = 12 \cdot (28 - 13)$
c) $18 \cdot 5 - 5 \cdot 8 = 5 \cdot (18 - 8)$

Aufgabe 1

a) $8 \cdot (3 + 6)$
$= 8 \cdot 9$
$= 72$

b) $72 - (35 - 13)$
$= 72 - 22$
$= 50$

c) $182 + (43 - 13)$
$= 182 + 30$
$= 212$

d) $56 : (32 - 28)$
$= 56 : 4$
$= 14$

e) $280 - (120 - (83 - 43))$
$= 280 - (120 - 40)$
$= 280 - 80$
$= 200$

f) $(13 - 5) \cdot (11 + 2)$
$= 8 \cdot 13$
$= 104$

Aufgabe 2

a) $3 \cdot 6 - 12$
$= 18 - 12$
$= 6$

b) $37 + 4 \cdot 2$
$= 37 + 8$
$= 45$

d) $21 + 4 \cdot 12$
$= 21 + 48$
$= 69$

e) $12 + 3 \cdot 4 - 5$
$= 12 + 12 - 5$
$= 24 - 5$
$= 19$

e) $95 - 45 : 3$
$= 95 - 15$
$= 80$

f) $12 \cdot 8 - 9 \cdot 4$
$= 96 - 36$
$= 60$

Aufgabe 3

a) $4 \cdot 20 : 8$
$= 80 : 8$
$= 10$

b) $12 + 84 - 36$
$= 96 - 36$
$= 60$

c) $96 - 43 + 17$
$= 53 + 17$
$= 70$

d) $4 \cdot 5 \cdot 8 : 4$
$= 20 \cdot 8 : 4$
$= 160 : 4$
$= 40$

e) $36 : 9 \cdot 15 : 3$
$= 4 \cdot 15 : 3$
$= 60 : 3$
$= 20$

f) $45 + 56 - 67 + 78$
$= 101 - 67 + 78$
$= 34 + 78$
$= 112$

Aufgabe 4

a) $3 \cdot (15 - 2 \cdot 3)$
$= 3 \cdot (15 - 6)$
$= 3 \cdot 9$
$= 27$

b) $96 : (12 + 4 \cdot 9)$
$= 96 : (12 + 36)$
$= 96 : 48$
$= 2$

d) $14 \cdot 2 + (7 - 3) \cdot 4$
$= 14 \cdot 2 + 4 \cdot 4$
$= 28 + 16$
$= 44$

e) $(48 + 42) : (27 - 12)$
$= 90 : 15$
$= 6$

e) $45 : 3 + 25 \cdot 3$
$= 15 + 75$
$= 90$

f) $(18 + 4 \cdot (22 - 14)) + 33$
$= (18 + 4 \cdot 8) + 33$
$= 18 + 32 + 33$
$= 50 + 33$
$= 83$

Aufgabe 5

a) Punkt vor Strich
nicht beachtet
$163 + 17 \cdot 7$
$= 163 + 119$
$= 282$

b) Klammer
nicht beachtet
$4 \cdot (13 - 3 \cdot 3)$
$= 4 \cdot (13 - 9)$
$= 4 \cdot 4$
$= 16$

c) Punkt vor Strich in Klammer
nicht beachtet
$(6 \cdot 15 - 3 \cdot 4) : 3$
$= (6 \cdot 15 - 12) : 3$
$= (90 - 12) : 3$
$= 78 : 3$
$= 26$

Aufgabe 6

a) $4 \cdot (36 - \quad) = 84$
Rechne $4 \cdot (\quad) = 84$
also $84 : 4 = (\quad)$
$21 = (\quad)$
$36 - \quad = 21$
$36 - 21 = 15$,
also $4 \cdot (36 - 15) = 84$

b) $22 + 4 \cdot \quad = 78$
$22 + (\quad) = 78$
$78 - 22 = (\quad)$
$56 = (\quad)$
$56 = 4 \cdot$
$14 = 56 : 4$,
also $22 + 4 \cdot 14 = 78$

c) $6 \cdot \quad - 7 = 17$
$(\quad) - 7 = 17$
$(\quad) = 17 + 7 = 24$
$6 \cdot \quad = 24$
$24 : 6 = 4$,
also $6 \cdot 4 - 7 = 17$

d) $5 \cdot (8 - 2) \cdot \quad = 240$
$5 \cdot 6 \cdot \quad = 240$
$30 \cdot \quad = 240$
$\quad = 8$,
also $5 \cdot (8 - 2) \cdot 8 = 240$

Aufgabe 7

a) $3 \cdot 6 - 5 \cdot 2 = 8$
b) $3 \cdot (6 - 5) \cdot 2 = 6$
c) $15 \cdot (14 - 13 - 1) = 0$

Aufgabe 8

a) $(4 + 6) \cdot 5 - 3$
$= 10 \cdot 5 - 3$
$= 47$

b) $20 - 15 : (1 + 4)$
$= 20 - 15 : 5$
$= 20 - 3$
$= 17$

c) $36 : (9 - 3) + 1$
$= 36 : 6 + 1$
$= 6 + 1 = 7$

Aufgabe 9

♣ = 3; ♠ = 4; ♥ = 1; ♦ = 7

$(3 - 1) \cdot 4 - 7 = 1$
$7 \cdot 3 - 4 = 17$
$13 + 34 = 47$

Aufgabe 10

a) Addiere zu 38 das Produkt aus 17 und 4.
b) Subtrahiere 10 von dem Produkt aus 8 und der Summe von 13 und 7.

Aufgabe 11

a) $13 \cdot (20 - 7)$

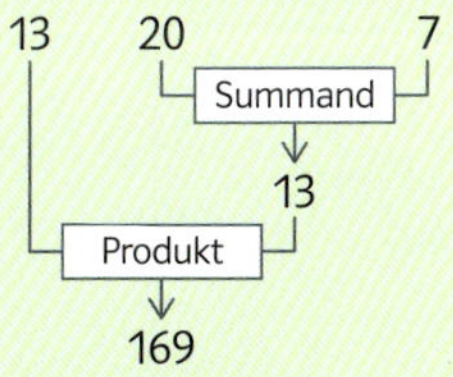

Term: Produkt

b) $(15 + 5) \cdot 18$

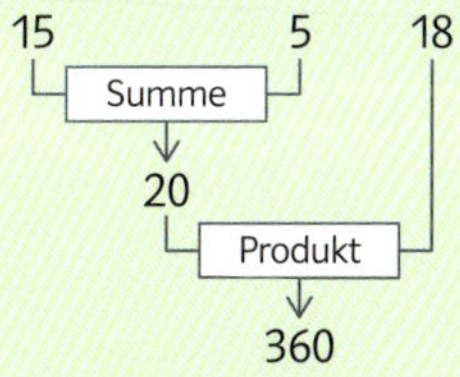

Term: Produkt

c) $(35 + 25) : (18 - 6)$

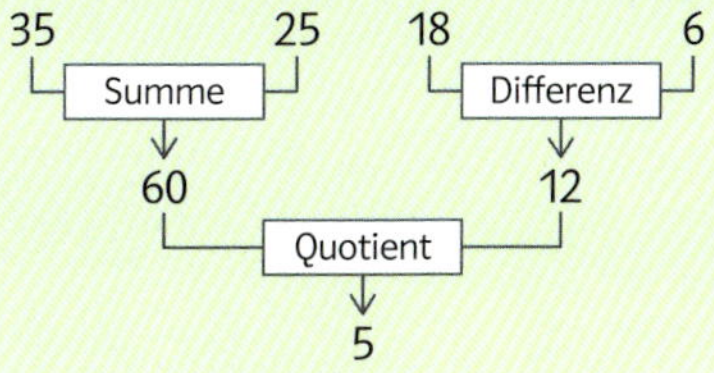

Term: Quotient

Aufgabe 12

a) $161 + 17 \cdot 7$ oder

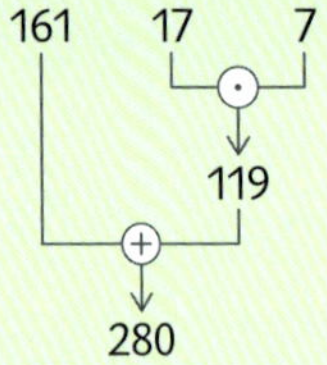

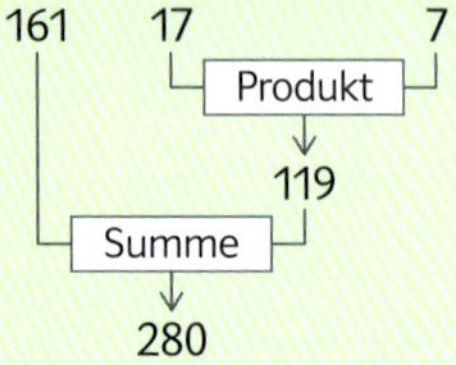

b) $64 : 4 - 11$ oder

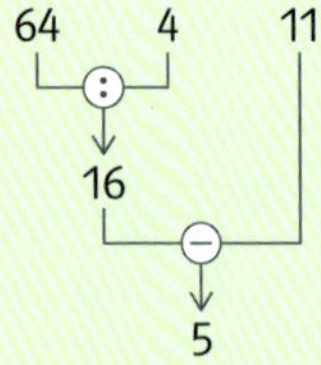

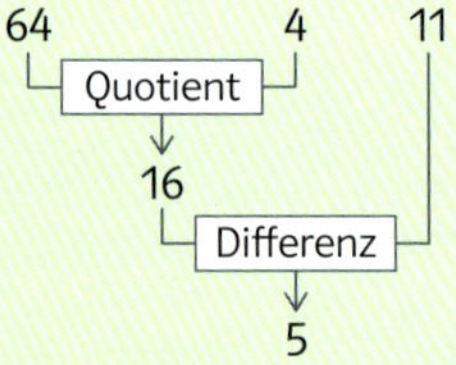

c) $(48 - 8) \cdot (27 - 7)$ oder

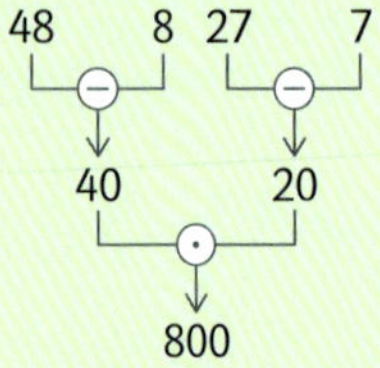

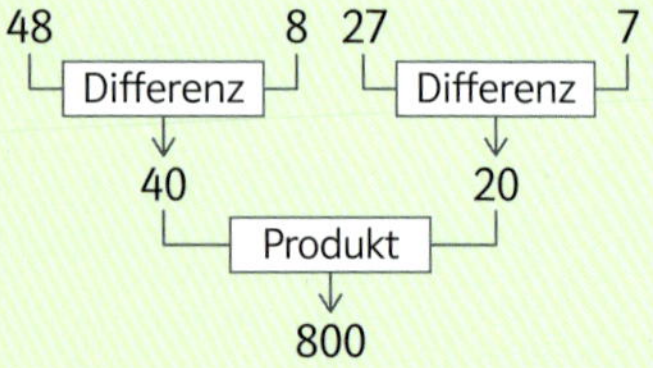

Aufgabe 13

a) $123 + (12 \cdot 3)$
$= 123 + 36$
$= 159$

b) $(38 + 29) - 21$
$= 38 + 29 - 21$
$= 67 - 21$
$= 46$

c) $(35 - 25) \cdot 15$
$= 10 \cdot 15$
$= 150$

d) $(15 \cdot 5) : 3$
$= 75 : 3$
$= 25$

e) $(13 - 5) \cdot (8 + 7)$
$= 8 \cdot 15$
$= 120$

f) $(14 \cdot 2) + ((7 - 3) \cdot 4)$
$= 28 + (4 \cdot 4)$
$= 28 + 16$
$= 44$

Aufgabe 14

a) Addiere zu 161 das Produkt aus 17 und 7.
b) Subtrahiere 21 vom Quotienten aus 64 und 4.
c) Multipliziere die Differenz von 48 und 8 mit der Differenz aus 27 und 7.
d) Subtrahiere 5 vom Produkt aus der Summe von 4 und 6 mit 3.

Aufgabe 15

a) $17 \cdot (20 - 1)$
$= 17 \cdot 20 - 17 \cdot 1$
$= 340 - 17$
$= 323$

b) $35 \cdot (10 + 2)$
$= 35 \cdot 10 + 35 \cdot 2$
$= 350 + 70$
$= 420$

c) $9 \cdot (30 + 7)$
$= 9 \cdot 30 + 9 \cdot 7$
$= 270 + 63$
$= 333$

d) $(30 + 8) \cdot 12$
$= 30 \cdot 12 + 8 \cdot 12$
$= 360 + 96$
$= 456$

Aufgabe 16

a) $11 \cdot (10 + 6)$
$= 11 \cdot 10 + 11 \cdot 6$
$= 110 + 66$
$= 176$

b) $15 \cdot (20 - 4)$
$= 15 \cdot 20 - 15 \cdot 4$
$= 300 - 60$
$= 240$

c) $9 \cdot (60 + 7)$
$= 9 \cdot 60 + 9 \cdot 7$
$= 540 + 63$
$= 603$

d) $(40 + 9) \cdot 4$
$= 40 \cdot 4 + 9 \cdot 4$
$= 160 + 36$
$= 196$

e) $(30 - 12) \cdot 5$
$= 30 \cdot 5 - 12 \cdot 5$
$= 150 - 60$
$= 90$

f) $(20 - 3) \cdot 12$
$= 20 \cdot 12 - 3 \cdot 12$
$= 240 - 36$
$= 204$

Aufgabe 17

a) $23 \cdot 21$
$= 23 \cdot (20 + 1)$
$= 23 \cdot 20 + 23 \cdot 1$
$= 460 + 23$
$= 483$

b) $18 \cdot 19$
$= 18 \cdot (20 - 1)$
$= 18 \cdot 20 - 18 \cdot 1$
$= 360 - 18$
$= 342$

c) $17 \cdot 32$
$= 17 \cdot (30 + 2)$
$= 17 \cdot 30 + 17 \cdot 2$
$= 510 + 34$
$= 544$

d) $25 \cdot 12$
$= 25 \cdot (10 + 2)$
$= 25 \cdot 10 + 25 \cdot 2$
$= 250 + 50$
$= 300$

e) $12 \cdot 28$
$= 12 \cdot (30 - 2)$
$= 12 \cdot 30 - 12 \cdot 2$
$= 360 - 24$
$= 336$

f) $14 \cdot 18$
$= 14 \cdot (20 - 2)$
$= 14 \cdot 20 - 14 \cdot 2$
$= 280 - 28$
$= 252$

Aufgabe 18

a) $17 \cdot 18 + 17 \cdot 12$
$= 17 \cdot (18 + 12)$
$= 17 \cdot 30$
$= 510$

b) $15 \cdot 23 - 15 \cdot 13$
$= 15 \cdot (23 - 13)$
$= 15 \cdot 10$
$= 150$

c) $12 \cdot 33 - 3 \cdot 12$
$= 12 \cdot (33 - 3)$
$= 12 \cdot 30$
$= 360$

d) $25 \cdot 7 + 7 \cdot 15$
$= 7 \cdot (25 + 15)$
$= 7 \cdot 40$
$= 280$

Aufgabe 19

a) $16 \cdot 28 - 16 \cdot 8$
$= 16 \cdot (28 - 8)$
$= 16 \cdot 20$
$= 320$

b) $25 \cdot 18 + 25 \cdot 22$
$= 25 \cdot (18 + 22)$
$= 25 \cdot 40$
$= 1000$

c) $12 \cdot 32 - 12 \cdot 12$
$= 12 \cdot (32 - 12)$
$= 12 \cdot 20$
$= 240$

d) $5 \cdot 18 + 42 \cdot 5$
$= 5 \cdot (18 + 42)$
$= 5 \cdot 60$
$= 300$

Lösungen zum Abschlusskompetenzcheck

Lösung

1

a) $57 + 13 \cdot 3$
$= 57 + 39$
$= 96$

b) $256 - 50 \cdot 3$
$= 256 - 150$
$= 106$

c) $(30 - 16) \cdot (63 : 9)$
$= 14 \cdot 7$
$= 98$

d) $24 \cdot 3 + (21 - 12) \cdot 4$
$= 24 \cdot 3 + 9 \cdot 4$
$= 72 + 36$
$= 108$

2

Term	ja	nein	richtiger Wert
$152 - 12 \cdot 6 = 80$	☒	☐	
$45 + 90 : 5 = 27$	☐	☒	$= 45 + 18 = 63$
$5 + (90 - 30 \cdot 3) = 185$	☐	☒	$= 5 + (90 - 90) = 5$
$36 - 15 : 3 + 4 = 11$	☐	☒	$= 36 - 5 + 4 = 35$
$36 : 9 + 2 \cdot 15 = 34$	☒	☐	

3

a) $(8 + 64) : 8$

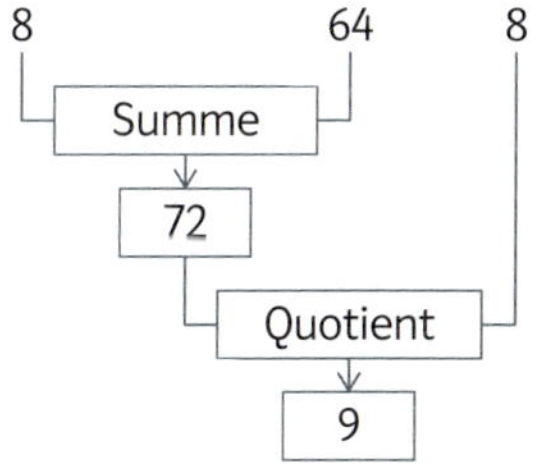

b) $(53 + 17) \cdot (45 : 15)$

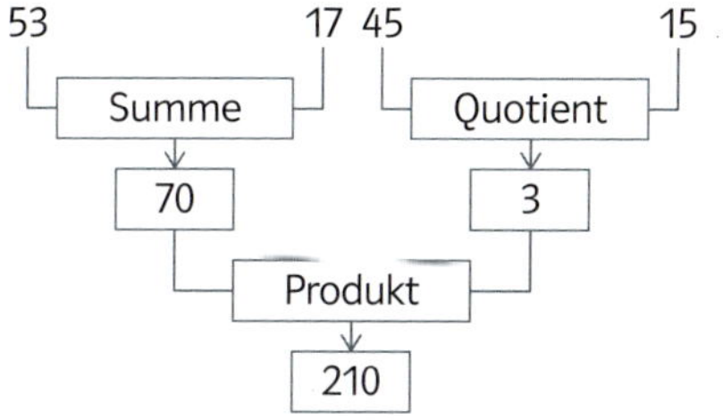

4

a)

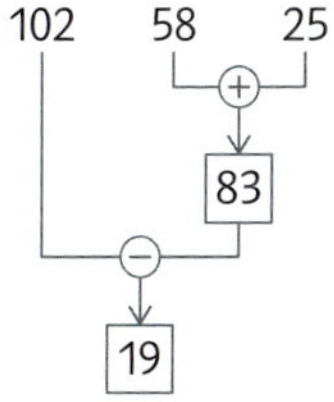

Term: $102 - (58 + 25) = 19$

b)

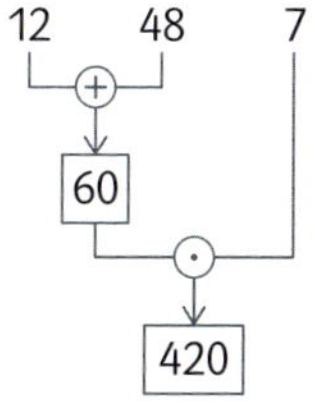

Term: $(12 + 48) \cdot 7 = 420$

Lösung

5

a) $25 - 5 + 18 \cdot 3$

Rechenbaum:

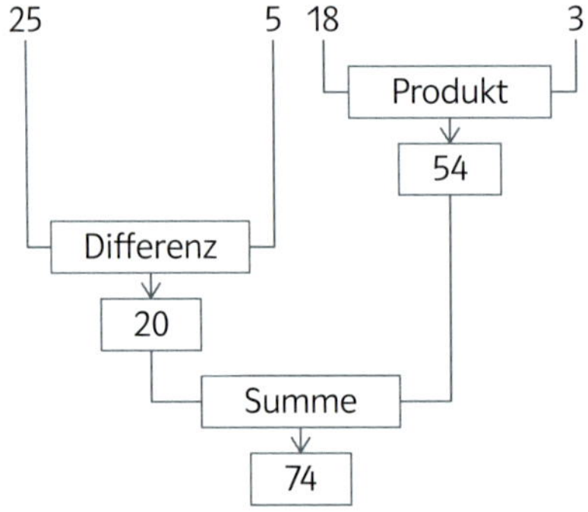

Wert des Terms: 74

b) $5 \cdot (22 - 7) + 15$

Rechenbaum:

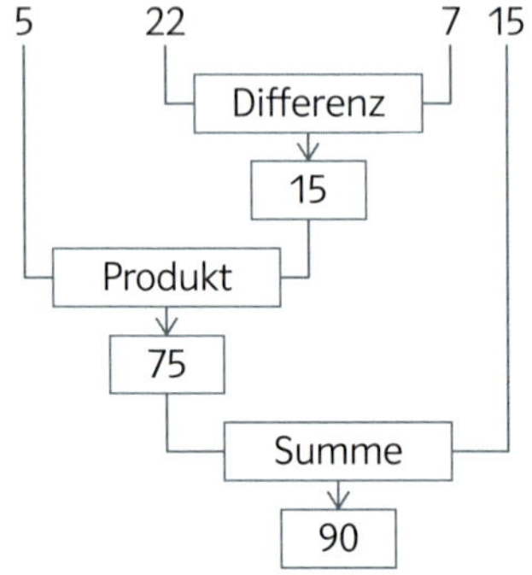

Wert des Terms: 90

6

a) $12 \cdot 9 + 57$
b) $(158 - 77) : 9$
c) $(11 + 9) \cdot (47 - 19)$
d) $(5 \cdot (12 + 6)) - (45 : 3)$

7

a) Multipliziere 6 mit der Summe von 12 und 38.
b) Subtrahiere von 88 die Summe von 27 und 23.
c) Multipliziere die Differenz von 42 und 37 mit dem Quotienten von 40 und 5.

8

a) $3 \cdot (60 - 3)$
$= 3 \cdot 60 - 3 \cdot 3$
$= 180 - 9$
$= 171$

b) $12 \cdot (20 + 2)$
$= 12 \cdot 20 + 12 \cdot 2$
$= 240 + 24$
$= 264$

c) $(50 + 4) \cdot 11$
$= 50 \cdot 11 + 4 \cdot 11$
$= 550 + 44$
$= 594$

d) $(20 - 3) \cdot 14$
$= 20 \cdot 14 - 3 \cdot 14$
$= 280 - 42$
$= 238$

9

a) $18 \cdot 17 + 18 \cdot 3$
$= 18 \cdot (17 + 3)$
$= 18 \cdot 20$
$= 360$

b) $15 \cdot 23 - 15 \cdot 3$
$= 15 \cdot (23 - 3)$
$= 15 \cdot 20$
$= 300$

c) $24 \cdot 9 + 9 \cdot 6$
$= 9 \cdot (24 + 6)$
$= 9 \cdot 30$
$= 270$

d) $12 \cdot 11 + 8 \cdot 11$
$= 11 \cdot (12 + 8)$
$= 11 \cdot 20$
$= 220$

4 Ganze Zahlen

Kompetenzcheck
Vergleichen und Anordnen

Aufgabe 1

a) Lies die markierten Zahlen ab.

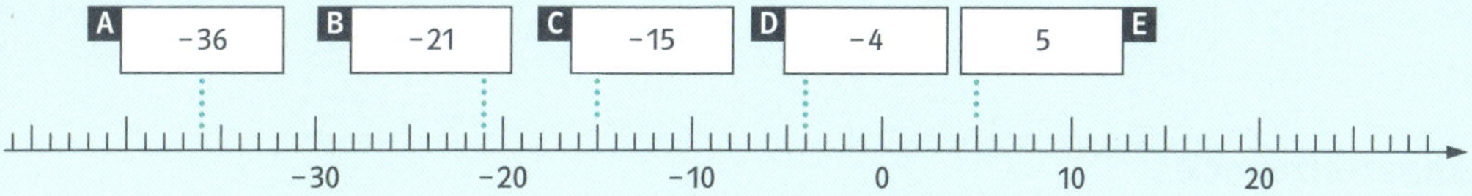

b) Trage die Zahlen auf dem Zahlenstrahl ab.

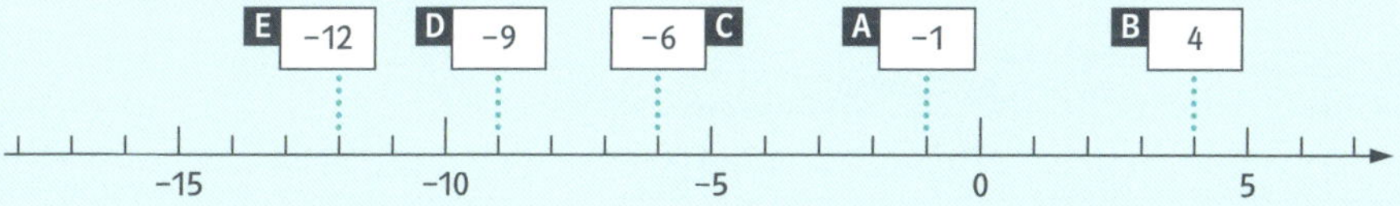

Aufgabe 2

a) −5 > −8 −19 < 20 0 > −7 |−10| = −10

b) −41 < −39 < −25 < −12 < 0 < 6 < 12 < 38

Kompetenzcheck
Addieren und Subtrahieren

Aufgabe 1

a)

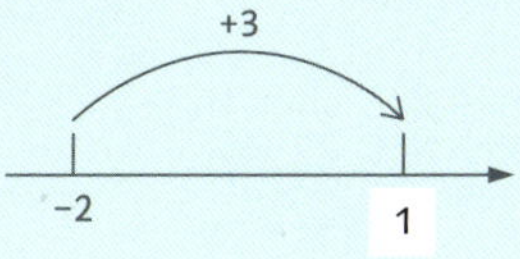

b)

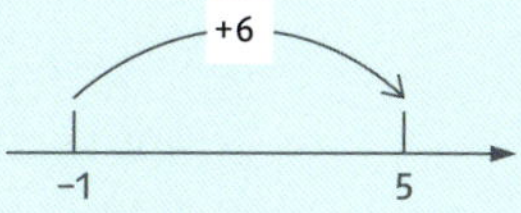

c)

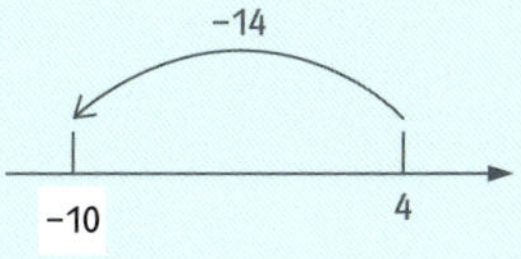

d)

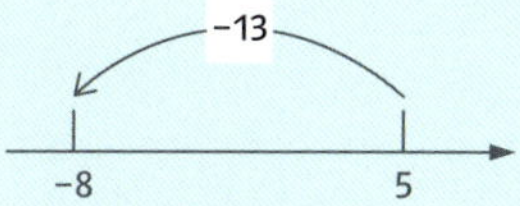

Aufgabe 2

a) −10 + 8 = −2 b) 15 − 20 = −5 c) −13 − 12 = −25 d) −15 + 21 = 6

Aufgabe 3

a)

	ja	nein	richtige Rechnung
−25 + (+32) = −25 + 32	☒	☐	
34 + (−19) = −34 + 19	☐	☒	34 − 19
−30 − (+15) = −30 − 15	☒	☐	
−13 − (−17) = −13 − 17	☐	☒	−13 + 17

b) −20 + 35 = .15 −17 + (−13) = −30
8 + (−28) = −20 −5 − (−15) = 10

Kompetenzcheck Multiplizieren und Dividieren

Aufgabe 1

	positiv	negativ
⊕ mal ⊖ ist ⊖	☐	☒
⊖ mal ⊕ ist ⊖	☐	☒
⊖ geteilt durch ⊖ ist ⊕	☒	☐
⊖ mal ⊕ ist ⊖ mal ⊖ ist ⊕	☒	☐
⊖ mal ⊖ geteilt durch ⊖ ist ⊕ geteilt durch ⊖ ist ⊖	☐	☒

Aufgabe 2

a) $13 \cdot (-6) = -78$
b) $-12 \cdot 7 = -84$
c) $-15 \cdot (-8) = 120$
d) $-55 : 11 = -5$
e) $-117 : (-9) = 13$

Aufgabe 3

a) $\quad : (-9) = 13$
$13 \cdot (-9) = -117$,
also $-117 : (-9) = 13$

b) $\quad \cdot (-15) = 105$
$105 : (-15) = -7$,
also $(-7) \cdot (-15) = 105$

c) $-60 : \quad = -15$
$-15 \cdot \quad = -60$
$\cdot (-15) = -60$
$-60 : (-15) = 4$,
also $-60 : 4 = -15$

Kompetenzcheck
Verknüpfung der Grundrechenarten

Aufgabe 1

a) $-25 + 5 \cdot (-3)$
$= -25 - 15$
$= -40$

b) $-7 \cdot (13 - 23)$
$= -7 \cdot (-10)$
$= 70$

c) $(-25 + 10) \cdot (-8 - (-12))$
$= -15 \cdot 4$
$= -60$

Aufgabe 2

a) $-11 \cdot (10 + 6) = -11 \cdot 10 + (-11) \cdot 6$

b) $9 \cdot (-60 + 2) = 9 \cdot (-60) + 9 \cdot 2$

c) $-12 \cdot (10 - 3) = -12 \cdot 10 - 12 \cdot (-3)$

d) $(-7) \cdot 12 + (-7) \cdot 8 = -7 \cdot (12 + 8)$

e) $-12 \cdot 18 + 12 \cdot 8 = -12 \cdot (18 - 8)$

Aufgabe 1

a) A: -26 B: -18 C: -2 D: 5

b) A: -16 B: -9 C: -1 D: 0 E: 7

Aufgabe 2

	richtig	falsch
$a < b$	☒	☐
$\|a\| < b$	☐	☒
$c > a$	☒	☐
$b < c$	☒	☐
$\|a\| > \|c\|$	☒	☐
$\|b\| = \|c\|$	☒	☐

Aufgabe 3

a) $-5 > -10$ b) $-18 < -8$ c) $0 > -3$

d) $5 > -1$ e) $|-13| > 10$ f) $|-9| = 9$

g) $-7 < |2|$ h) $|-10| > 9$ i) $|4| = |-4|$

Aufgabe 4

a) $-5 < \square < 1$
$-4, -3, -2, -1, 0$

b) $-4 < \square < 0$
$-3, -2, -1$

c) $-18 < \square < -12$
$-17, -16, -15, -14, -13$

Aufgabe 5

a) $-25 < -24 < -12 < -7 < 0 < 11 < 35 < 105$

b) $-32 < -4 < -3 < 1 < |-2| < |-3| < 17 < 24$

Aufgabe 6

	wahr	falsch
Alle negativen Zahlen haben einen positiven Betrag.	☒	☐
Eine natürliche Zahl ist immer größer als eine negative Zahl.	☒	☐
Jede ganze Zahl hat eine Gegenzahl.	☐	☒
Es gibt keine zweistellige Zahl, die kleiner als -10 ist.	☐	☒
Zu jeder ganzen Zahl gibt es immer eine Zahl mit einem kleineren Betrag.	☐	☒

Aufgabe 7

a)
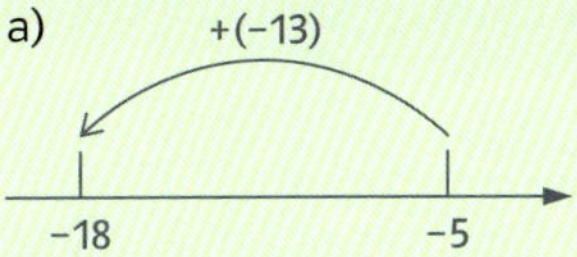

b)
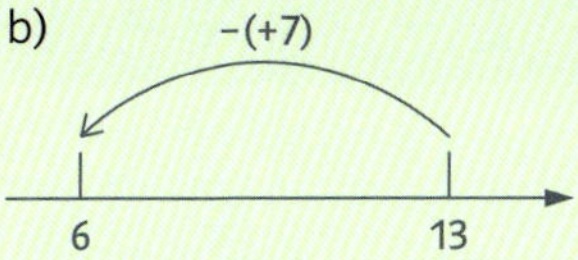

c)
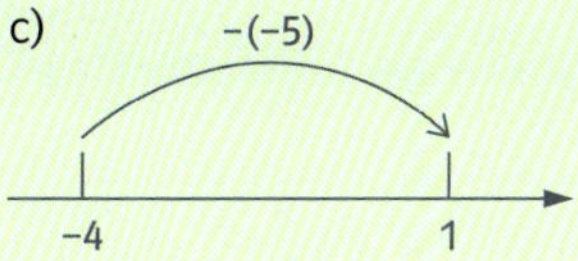

d)
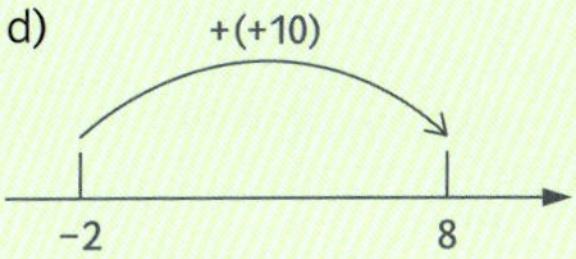

e)
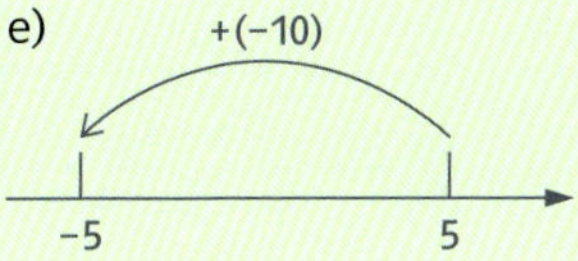

Aufgabe 8

a)
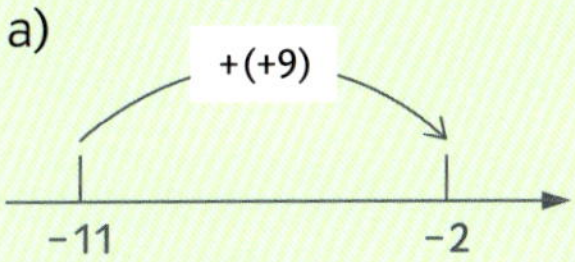

b)
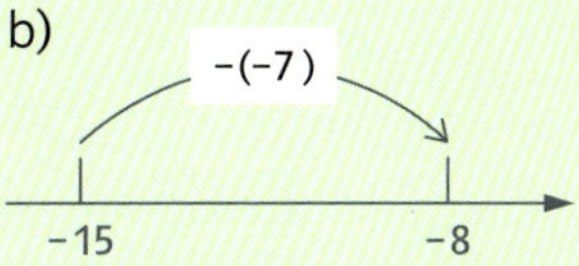

Aufgabe 9

a) $-3 + (+13) = 10$ b) $-15 - (-10) = -5$ c) $3 - (+8) = -5$ d) $-1 + (-10) = -11$

Aufgabe 10

a) $-5 + 8 = 3$ b) $27 - 43 = -16$ c) $-25 - 13 = -38$ d) $64 + 27 = 91$
e) $12 - 128 = -116$ f) $-43 - 88 = -131$ g) $-121 + 77 = -44$ h) $43 - 97 = -54$

Aufgabe 11

a) $-35 + (+28)$
$= -35 + 28$
$= -7$

b) $14 - (+19)$
$= 14 - 19$
$= -5$

c) $-20 + (-35)$
$= -20 - 35$
$= -55$

d) $-7 - (-12)$
$= -7 + 12$
$= 5$

Aufgabe 12

a) $-25 - 5 = -30$ b) $-15 - (-10) = -5$ c) $16 + (-5) = 11$
d) $4 - (-8) = 12$ e) $-9 - 8 = -17$ f) $17 - 21 = -4$
g) $-12 - (-30) = 18$ h) $-25 + (-25) = -50$ i) $37 - (+27) = 10$

Aufgabe 13

	Ergebnis positiv	Ergebnis negativ	Ergebnis
$15 \cdot (-9)$	☐	☒	-135
$-11 \cdot 6$	☐	☒	-66
$-13 \cdot (-14)$	☒	☐	182
$180 : (-15)$	☐	☒	-12
$-144 : (-9)$	☒	☐	16
$4 \cdot (-5) \cdot (-6)$	☒	☐	120
$-120 : (-12) \cdot (-8)$	☐	☒	-80

Aufgabe 14

a) $18 \cdot (-11) = -198$
b) $-12 \cdot 8 = -96$
c) $-17 \cdot (-9) = 153$
d) $-5 \cdot 2 \cdot 24 = -240$
e) $-168 : 8 = -21$
f) $-154 : (-7) = 22$
g) $198 : (-9) = -22$
h) $-240 : (-3) : (-5) = -16$

Aufgabe 15

a) $\square \cdot (-16) = 80$
$80 : (-16) = -5$

b) $\square : (-12) = -7$
$-7 \cdot (-12) = 84$

c) $25 \cdot \square = -125$
$-125 : 25 = -5$

d) $-136 : \square = 8$
$-136 : 8 = -17$

e) $-12 \cdot \square = 168$
$168 : (-12) = -14$

f) $\square : 8 = -14$
$(-14) \cdot 8 = -112$

Aufgabe 16

Aussage	wahr	falsch	Gegenbeispiel
Das Produkt aus einer ganzen Zahl und ihrer Gegenzahl ist immer positiv.	☐	☒	$-3 \cdot 3 = -9$
Das Produkt aus 3 negativen Zahlen ist immer negativ.	☒	☒	
Der Quotient aus zwei ganzen Zahlen kann nie null sein.	☐	☒	$0 : (-2) = 0$
Das Ergebnis einer Multiplikation ist immer größer als jeder Faktor.	☐	☒	$2 \cdot 0 = 0$

Aufgabe 17

a) $-8\cdot(4+7)$
$=-8\cdot 11$
$=-88$

b) $-72-(-35+13)$
$=-72-(-22)$
$=-72+22$
$=-50$

c) $-182+(-43+13)$
$=-182+(-30)$
$=-182-30$
$=-212$

d) $(-13+5)\cdot(11-2)$
$=-8\cdot 9$
$=-72$

e) $-56:(32-28)$
$=-56:4$
$=-14$

f) $(-12-4)\cdot 4$
$=-16\cdot 4$
$=-64$

Aufgabe 18

a) $-3\cdot 6-12$
$=-18-12$
$=-30$

b) $37+4\cdot(-2)$
$=37+(-8)$
$=37-8$
$=29$

c) $-41+4\cdot(-12)$
$=-41+(-48)$
$=-41-48$
$=-89$

d) $-24+3\cdot 4-35$
$=-24+12-35$
$=-12-35$
$=-47$

e) $-95-45:(-3)$
$=-95+15$
$=-80$

f) $12\cdot(-8)-9\cdot(-4)$
$=-96-(-36)$
$=-96+36$
$=-60$

Aufgabe 19

a) $-3\cdot(15-2\cdot(-3))$
$=-3\cdot(15+6)$
$=-3\cdot 21$
$=-63$

b) $-96:(12-4\cdot(-9))$
$=-96:(12+36)$
$=-96:48$
$=-2$

c) $-14\cdot 2+(7-3)\cdot(-4)$
$=-28+4\cdot(-4)$
$=-28-16$
$=-44$

d) $(-48-42):(-27+12)$
$=-90:(-15)$
$=6$

e) $-42:3+25\cdot(-3)$
$=-14+(-75)$
$=-14-75$
$=-89$

f) $-18+4\cdot(-22+14)+33$
$=-18+4\cdot(-8)+33$
$=-18-32+33$
$=-50+33$
$=-17$

g) $(-9-15):(8-5)+1$
$=-24:3+1$
$=-8+1$
$=-7$

h) $-1+876:876$
$=-1+1$
$=0$

Aufgabe 20

a) $-123+(12\cdot(-3))=-123-36=-159$
b) $(-38+29)-21=-9-21=-30$
c) $(-35-25)\cdot(-6)=-60\cdot(-6)=360$
d) $(-5+11)\cdot(-13+(-9))=6\cdot(-22)=-132$
e) $(-11-4)\cdot(3+(-13))=-15\cdot(-10)=150$
f) $(-36+(-16)):(-3+16)=-52:13=-4$

Aufgabe 21

Tipp: Überprüfe, durch welche Zahlen sich die gegebene Zahl oder eine Zahl in der Nähe teilen lässt. Dann kannst du den Term leichter aufstellen.

a) $(3+4)\cdot(-5) = -35$ oder $-(3+4)\cdot 5 = -35$
   Wichtig ist, dass in dieser Aufgabe einer der Faktoren ein negatives Vorzeichen hat.

b) $-6\cdot 5 + 4 - 3$
   $= -30 + 4 - 3$
   $= -26 - 3 = -29$

c) $(4+5)\cdot(-6) = 9\cdot(-6) = -54$

d) $(6+5)\cdot 4\cdot(-3) = -132$

Aufgabe 22

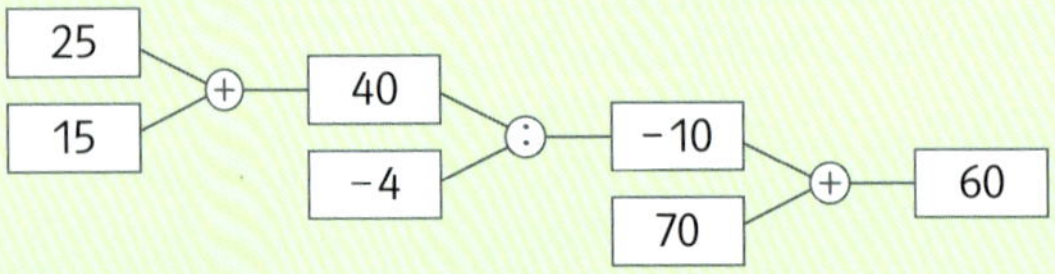

Aufgabe 23

Multipliziere zuerst aus und berechne dann den Wert des Terms. Ergänze die Lücken.

a) $-17\cdot(20+1)$
   $= -17\cdot 20 + (-17)\cdot 1$
   $= -340 - 17$
   $= -357$

b) $35\cdot(-10+2)$
   $= 35\cdot(-10) + 35\cdot 2$
   $= -350 + 70$
   $= -280$

c) $-9\cdot(30-2)$
   $= -9\cdot 30 - 9\cdot(-2)$
   $= -270 + 18$
   $= -252$

d) $(-30-1)\cdot 12$
   $= -30\cdot 12 - 1\cdot 12$
   $= -360 - 12$
   $= -372$

Aufgabe 24

a) $-11\cdot(10-2)$
   $= -11\cdot 10 - 11\cdot(-2)$
   $= -110 + 22$
   $= -88$

b) $15\cdot(-20+2)$
   $= 15\cdot(-20) + 15\cdot 2$
   $= -300 + 30$
   $= -270$

c) $-9\cdot(-60+1)$
   $= -9\cdot(-60) + (-9)\cdot 1$
   $= 540 - 9$
   $= 531$

d) $(-20-2)\cdot(-12)$
   $= -20\cdot(-12) - 2\cdot(-12)$
   $= 240 + 24$
   $= 264$

e) $-4\cdot(-40-1)$
   $= -4\cdot(-40) - 4\cdot(-1)$
   $= 160 + 4$
   $= 164$

f) $(-30+2)\cdot(-5)$
   $= -30\cdot(-5) + 2\cdot(-5)$
   $= 150 - 10$
   $= 140$

Aufgabe 25

a) $-17 \cdot 18 + (-17) \cdot 12$
$= -17 \cdot (18 + 12)$
$= -17 \cdot 30$
$= -510$

b) $-15 \cdot 23 + 15 \cdot 13$
$= -15 \cdot (23 - 13)$
oder
$-15 \cdot 23 + 15 \cdot 13$
$= 15 \cdot ((-23) + 13)$
$= 15 \cdot (-10)$
$= -150$

c) $-12 \cdot 33 - 3 \cdot (-12)$
$= -12 \cdot (33 - 3)$
$= -12 \cdot 30$
$= -360$

d) $25 \cdot (-7) + 7 \cdot 15$
$= -7 \cdot (25 - 15)$
$= -7 \cdot 10$
$= -70$

Aufgabe 26

a) $-16 \cdot 28 - 16 \cdot (-8)$
$= -16 \cdot (28 - 8)$
$= -16 \cdot 20$
$= -320$

b) $-25 \cdot 18 + 25 \cdot (-22)$
$= -25 \cdot (18 + 22)$
$= -25 \cdot 40$
$= -1000$

c) $-12 \cdot 32 - 12 \cdot (-12)$
$= -12 \cdot (32 - 12)$
$= -12 \cdot 20$
$= -240$

d) $5 \cdot 18 - 42 \cdot (-5)$
$= 5 \cdot (18 + 42)$
$= 5 \cdot 60$
$= 300$

	Lösung		
1	a) $-17 < -12$ d) $\lvert 2 \rvert > -5$	b) $5 > -12$ e) $\lvert -15 \rvert = 15$	c) $0 > -7$ f) $12 < \lvert -21 \rvert$
2	a) $-4, -3, -2, -1$	b) $-1, 0, 1, 2$	c) $0, 1, 2, 3, 4$
3	$-6 < -4 < -1 < 0 < 1 < \lvert -5 \rvert$		
4	a) $-57 + 12 = -45$	b) $-68 - 37 = -105$	c) $24 - 68 = -44$
5	a) $-25 + (-43)$ $= -25 - 43$ $= -68$	b) $-13 - (-58)$ $= -13 + 58$ $= 45$	c) $22 - (+68)$ $= 22 - 68$ $= -46$
6	a) $-33 + \square = 20$ $20 + 33 = 53$, also $-33 + 53 = 20$	b) $\square - 53 = -85$ $-85 + 53 = -32$, also $-32 - 53 = -85$	c) $-47 - \square = -18$ $-18 + \square = -47$ $\square + (-18) = -47$ $-47 + 18 = -29$, also $-47 - (-29) = -18$

7

	richtig	falsch	richtiges Ergebnis
$-25 + (-38) = -13$	☐	☒	$-25 - 38 = -63$
$18 - (-12) = 30$	☒	☐	
$28 - 39 = 11$	☐	☒	$28 - 39 = -11$

8

	Ergebnis positiv	Ergebnis negativ	Ergebnis
$-15 \cdot 1$	☐	☒	-165
$-23 \cdot (-8)$	☒	☐	184
$84 : (-7)$	☐	☒	-12
$76 : (-4) \cdot (-5)$	☒	☐	95
$(-4) \cdot 5 \cdot (-6) : (-12)$	☐	☒	-10

9	a) $\square \cdot (-11) = 121$ $121 : (-11) = -11$, also $-11 \cdot (-11) = 121$	b) $-65 : \square = 5$ $5 \cdot \square = -65$ $\square \cdot 5 = -65$ $-65 : 5 = -13$, also $-65 : (-13) = 5$	c) $\square \cdot (-16) = -96$ $-96 : (-16) = 6$, also $6 \cdot (-16) = -96$
10	a) $-21 - 47 + 68 = 0$ d) $(-9 - 15) : (8 - 5) + 1 = -7$	b) $-29 - (-34 - 15) = 20$ e) $-52 + 12 \cdot (-6) = -124$	c) $(-12 - 4) \cdot (-4) = 64$ f) $-24 \cdot 3 + (-21 - 4) \cdot 4 = -172$

Lösung

11

a) $54 - (21 - 67) + 7 \cdot (-3)$
$= 54 - 46 - 21$ (Minus vergessen)
$= -13$
$= 54 - (-46) - 21$
$= 54 + 46 - 21$
$= 100 - 21$
$= 79$

b) $-325 : 25 - 20 \cdot (-5)$
$= 13 - 100$ (falsche Vorzeichen)
$= -87$
$= -13 + 100$
$= 87$

12

$(-102 - 25 \cdot (-2)) < (17 + (-3)) < (-51 : 17 \cdot (-16)) < (-8 \cdot (-7))$
$-8 \cdot (-7) = 56$
$17 \cdot (-3) = -51$
$-51 : 17 \cdot (-16) = 48$
$-102 - 25 \cdot (-2) = -52$

13

a) $-3 \cdot (60 - 2)$
$= -3 \cdot 60 - 3 \cdot (-2)$
$= -180 + 6$
$= -174$

b) $12 \cdot (-20 - 2)$
$= 12 \cdot (-20) + 12 \cdot (-2)$
$= -240 - 24$
$= -264$

c) $(-10 + 1) \cdot (-14)$
$= -10 \cdot (-14) + 1 \cdot (-14)$
$= 140 - 14$
$= 126$

14

a) $-18 \cdot 17 + 3 \cdot (-18)$
$= -18 \cdot (17 + 3)$
$= -18 \cdot 20$
$= -360$

b) $-12 \cdot 11 - 11 \cdot 8$
$= -11 \cdot (12 + 8)$
$= -11 \cdot 20$
$= -220$

c) $-24 \cdot 9 - 9 \cdot 6$
$= 9 \cdot (-24 - 6)$
$= 9 \cdot (-30)$
$= -270$

15

Aussage	wahr	falsch	Gegenbeispiel
Addiert man zu einer positiven Zahl eine kleinere Zahl, so ist das Ergebnis immer größer als jede der beiden Zahlen.	☐	☒	$5 + (-2) = 3$
Subtrahiert man von einer Zahl eine größere Zahl, so ist das Ergebnis stets kleiner als null.	☒	☐	
Das Produkt aus einer Zahl und ihrer Gegenzahl ist nie negativ.	☐	☒	$-2 \cdot 2 = -4$
Wenn man eine negative Zahl addiert, erhält man dasselbe Ergebnis, wie wenn man ihre Gegenzahl subtrahiert.	☒	☐	